"评价赋能政校家社协同育人创新实践"研究成果

新时代家长教育能力提升丛书

丛书主编　刘云生

好家长都知道的8个教育常识

古爱华　江　雪　◎主编

西南大学出版社
国家一级出版社　全国百佳图书出版单位

图书在版编目（CIP）数据

好家长都知道的8个教育常识 / 古爱华，江雪主编
. -- 重庆：西南大学出版社，2024.5
（新时代家长教育能力提升丛书）
ISBN 978-7-5697-1942-0

Ⅰ.①好… Ⅱ.①古… ②江… Ⅲ.①家庭教育
Ⅳ.①G78

中国国家版本馆CIP数据核字（2024）第082415号

好家长都知道的8个教育常识

HAO JIAZHANG DOU ZHIDAO DE 8 GE JIAOYU CHANGSHI

古爱华　江雪　主编

策划编辑：郑先俐　谭小军
责任编辑：雷　兮
责任校对：郑先俐
装帧设计：魏显锋
排　　版：杨建华
出版发行：西南大学出版社（原西南师范大学出版社）
地址：重庆市北碚区天生路2号
市场营销部电话：023-68868624
邮编：400715
印　　刷：重庆紫石东南印务有限公司
成品尺寸：170 mm×240 mm
印　　张：18
字　　数：266千字
版　　次：2024年5月　第1版
印　　次：2024年5月　第1次印刷
书　　号：ISBN 978-7-5697-1942-0
定　　价：39.80元

丛书编委会

本册编委会

本册主编 —— 古爱华　江　雪

本册编委 —— 李　刚　袁海龙　何　勇　刘　妮　陈　蕾　陶学明　岳云雄　文　彬　廖　平

序

愿与天下父母共读之

母亲是女人最神圣的天职，父亲是男人最重要的工作。对于父母而言，孩子来到世上，是天使来到自己身边！

“父母之爱子，则为之计深远！”培养、教育好孩子，让他拥有幸福的人生，是所有为人父母者共同的期待和心愿。特别是当下，相当一部分家庭对孩子教育的重视，达到了空前的程度。按说这是好事，可是重视对孩子的教育不等于会教育孩子。一方面，这部分家庭的家长有教育好孩子的强烈意愿；另一方面，不少家长都曾感觉自己力不从心，因为客观上普遍存在家庭教育观念模糊、家庭教育知识匮乏、家庭教育能力不足等短板。

有的人在学校是优秀教师，却教育不好自己的孩子；有的人是有威严的领导，“振臂一呼，应者云集”，在自己孩子面前却没有威信；有的人是高级将领，能统率千军万马，在子女面前却束手无策，管不了自己的孩子……可以这样讲，遍布各行各业的“能人俊才”，甚至社会大众眼中的不少“英雄豪杰”“名人高士”，在子女教育面前有时也会一筹莫展，甚至节节败退。

为什么会这样？因为家庭教育有它特殊的规律，家庭教育本身是一门学问。作为教育的一种形式，家庭教育具有教育最本质的特点——对人类个体生命的成全。一个有智慧情感的生命来到世间是非常值得珍视的，成全有智慧情感的生命是多么神圣，又是多么伟大的工作！而不少家长没有认识到这一点，没有系统学习家庭教育这一课，也没有真正学好家庭教育这一课。

我们中华民族在长期的家庭教育实践中，总结、积累了非常丰富的教育子女的经验，已经形成了重视家庭教育的优良传统。但就家庭教育本身的专门研究，在我国的时间还很短。我国实行改革开放、发展社会主义市场经济以来，人们从社会发展趋势上看到，要使子女将来能够立足于竞争日趋激烈的社会，在事业上有所成就，在生活上能应对自如，除了让子女接受良好的学校教育、社会教育以外，还必须高度重视家庭教育，充分发挥家庭教育的作用。家庭教育既是家事，也是国事。我国高度重视家庭教育，于2021年颁布了《中华人民共和国家庭教育促进法》。由此，一个家庭教育蓬勃发展的崭新局面，正在我国形成。

恩格斯说过："社会一旦有技术上的需要，则这种需要就会比十所大学更能把科学推向前进！"我国欣欣向荣的家庭教育局面，不仅给家庭教育理论研究提出了要求，而且也提供了非常有利的条件，是推动我们进行家庭教育理论研究的巨大动力。

重庆市教育评估院一直高度重视校家社共育工作：2015年，经重庆市教育委员会、重庆市妇女联合会批准设立了"重庆市家庭教育监测中心"；2021年，又升级设立了"重庆市家校社共育评估监测中心"；同年，在发起成立的重庆市教育评估研究会下设立了家庭教育专业委员会，长期致力于家庭教育状况监测、评估与研究。近年来，先后发布了《重庆市中小学（幼儿园）校家社共育工作标准（试行）》《重庆市中小学（幼儿园）家长学校工作标准（试行）》《重庆市新时代家长教育能力推荐标准（2024年版）》，对重庆市校家社共育工作的开展发挥了引领指导作用。

校家社共育，学校教育为主导，家庭教育是基础，社会教育做支持，校家社配合是关键。基础不牢，地动山摇。家庭教育作为校家社共育的基础必须夯实筑牢。为此，我们组建由专家、教师和家长构成的研究团队，根据《重庆市新时代家长教育能力推荐标准（2024年版）》编写了本丛书，旨在从家庭教育常识、家庭教育内容、父母读懂孩子、家庭教育技能等4个方面，给家长支招、献策，帮助家长提升家庭教育能力。本丛书共4册，分别为：《提升孩子赢得未来的7个核心能力》《好家长都知道的8个教育常识》《读懂孩子成长的9个关键密码》《轻松解决孩子成长的10个难题》。

本丛书有3个特点：

一、注重情景化、案例化，用实例揭示规律

家庭教育实践是"立体"的、"复合"的，具有多面性，是一个相当复杂的过程，不是哪一个学科的理论知识可以全面说明、解释，做出周延判断的。但运用多种学科理论知识参与家庭教育理论研究，是专业领域的事。本丛书为了帮助广大家长短、平、快地获得家庭教育常识，习得家庭教育方法和技能，提升家庭教育能力，不采用学术化、理论化风格，而是力求通过情景再现、案例剖析、延展解读等形式，实景和案例化地将家庭教育的原理、知识、技能技巧娓娓道来，可读性与启发性相统一。

二、注重亲近性、指导性，按需求提供策略

家长是家庭教育实践的主体，是教师立德树人的同盟军，同时也是社会各行各业中的建设者。为家长编写本丛书，既是从事家庭教育研究者的职责，也是壮大教育同盟、实现校家社共同培育更优秀的下一代的必然之举。本丛书思想立意、内容编选、遣词用语等既注重表述精准，体现研究求严谨、认知有高度，更坚持站在家长的立场，充分把握家长的需求，深透剖析孩子的特点，切实体现亲子温度，使家长丛书在手，无论是读懂孩子、教育孩子，还是解决棘手的教育难题，都能做到心中有数，得心应手。

三、坚持人本观、多元观，助家长成就孩子

成全人类个体生命是教育的本质，孩子发展是教育的目的。梁启超先生在《论幼子》中讲“人生百年，立于幼学”，直言告诫：人生百年，建树立足于幼年时所受的教育。古希腊著名教育家、哲学家柏拉图曾说：“一个人从小受的教育把他往哪里引导，能决定他后来往哪里走。”家庭是一个人接受教育的起点，家庭教育贯穿孩子成长全过程，家庭教育的作用不仅是给孩子一个健康成长的快乐童年，而且影响的是孩子的一生。本丛书坚持以孩子成长为家庭教育之本，以家长学习提高为丛书写作之本，注重孩子个体和家长群体的多元性，以尊重为基调，以爱为主线，以平等为原则，帮助家长获得读得懂的知识、用得上的方法、做得来的技能、可测效的能力，真正提升家庭教育质量，和学校教育、社会教育一起，让孩子的人生出彩。

时光里，愿天下都是好父母！

本丛书，与天下父母共读之！

2024年5月

前言

家，是孩子的初始课堂；父母，是孩子的启蒙老师。

做父母，是一门学问，不但要懂得如何爱孩子，还要教会孩子爱自己、爱他人、爱世界。

做父母，是一场旅行，这一路既幸福相伴，又风景载途，不仅沐浴春风、雨露、阳光，而且踏平荆棘、坎坷、陡坡。

做父母，是一世修行，经由孩子的生命修行，成长为更好的自己，而后用自己的修行滋养孩子的生命，成就孩子的人生。

孩子是种子，家庭是土壤，父母对孩子的教育好比土壤的养分。种子长得好不好，土壤是关键，决定因素在于养分。孩子的成长，很大程度上取决于父母营造了怎样的家庭教育环境。

《家庭教育蓝皮书(2024)：中国家庭养育环境报告》指出：家庭养育的环境，对孩子心理的健康、积极的心理品质以及日常生活行为影响巨大。美国哈佛大学曾做过一个关于"获得什么家庭滋养的人最可能成为人生赢家"的调查，选择当时正在哈佛就读的268名本科生作为对象，持续研究了76年，花费2000万美金。研究结果出乎意料：爱、温暖、亲密的关系，才是美好生活最重要的开场。

高尔基说过："爱自己的孩子，是连母鸡都会做的事，但是教育好孩子，却是一门艺术。"的确，天下正常的父母没有不爱自己孩子的，可是爱的方法，很容易弄错。

过高的期望，带来孩子的无望；

过度的保护，带来孩子的无能；

过分的溺爱，让孩子变得无情；

过多的干涉，带来孩子的无奈；

过多的指责，带来孩子的无措；

…………

一方面，人们对孩子的认知，对家庭教育知识的了解，远没有达到对外部世界、物质世界那样的程度。有些父母，看见孩子乱翻东西，或是吵闹不听话，就去打他骂他；有些父母，不懂得孩子生理和心理的状况，往往因为自己的成见，把孩子管束得像囚犯一样。久而久之，孩子就逐渐形成易怒、暴躁、逆反等负面心理品质。轮到孩子长大做父母时，不知不觉地，便把自己以前从父母处学得的方法用在自己的孩子身上，以致一代又一代恶劣地影响下去。另一方面，很大一部分父母对家庭教育知识的学习、家庭教育技能的掌握，远不如对生活知识积累、工作能力提升那么用心。

《好家长都知道的8个教育常识》一书，旨在帮助作为家长的你学习基础的家庭教育知识，掌握常用的家庭教育方法，全书包括理性认识家庭、优化家庭环境、做好亲子陪伴、尊重成长规律、正确运用方法、稳固成长基石、整合教育力量、保障孩子权益等8个方面的内容。

为了更好地满足你快阅读、易理解、能掌握的需求，让你在轻松的阅读过程中收获更多，我们采用由情景再现、常识透视、经典案例组成专题性章节的体例形式来编写此书，并推荐以下3种快捷有效的阅读方法供你选择。

一、对照家庭日常生活开展迁移阅读。你可以将本书内容与自己家庭生活的点点滴滴相对照，找到共同点与相似点，尽可能将本书呈现的理论知识运用到你的家庭生活中，产生情感共鸣，形成实践迁移，实现学以致用的目的。

二、选读、精读与泛读相结合。你可能一开始并不是对书中的全部内容感兴趣，那么你可以先选择你最感兴趣的部分进行选读、精读，然后逐步展开对其他部分的泛读。在你由点到面、由浅入深的阅读过程中，你的家庭教育实践能力将会得到整体提升。

三、结合讨论与分享来开展深度阅读。夫妻双方或家庭中的成年成员在开展共同阅读的基础上，通过讨论与分享，形成阅读学习的深度理解，从而将知识转化为开展家庭教育的实践能力。

我们希望这本书对你有所启发，有助你发现孩子独特的禀赋，点燃孩子内心的火焰，找到孩子成长的方向。我们诚愿你通过阅读这本书成为好家长，成为孩子一生最大的幸运！

接下来，就请放松心情，开始享受这次阅读之旅吧！

目录

目录

常识三

吃饱穿暖并非家长全部责任——做好亲子陪伴

常识四

拔苗助长的伤害远大于想象——尊重成长规律

目录

常识五

走出力不从心的家庭教育困境——正确运用方法

常识六

警惕家庭教育的潜在危机——稳固成长基石

目录

常识一

家庭不只是居住场所

——理性认识家庭

勤俭治家之本，和顺齐家之本，谨慎保家之本，诗书起家之本，忠孝传家之本。

——清·金缨《格言联璧》

家庭，是家庭教育存在的前提。

成功的家庭教育，需要有一个美好的家庭为基础。

伴随锅碗瓢盆协奏曲的不断重复，幸福地组建家庭、喜迎新生命降临等生活情节所带来的兴奋与快乐，将随着时光的流逝渐渐消散，疲惫与烦恼一波又一波地向我们发起“偷袭”，你是否发现自己正逐渐陷入“家家都有一本难念的经”的境地？

深陷此境的不愉快，究其根本，在于你对家庭缺乏理性的认识。更为严重的是，有些家长还没有察觉到问题的根源，还自以为是地坚持着对家庭的曲解与偏见。正因如此，他们才会被“冲动”这个魔鬼所左右，全然不知自己的狰狞与丑恶。美好的家庭由此被毁，家庭关系持续恶化，不断摧残着孩子的身心健康。就这样，他们不知不觉地与孩子健康成长的家庭教育目标越走越远。

当我们充分认识了家庭的本质与构成、家庭的发生与发展、家庭的情感功能、家庭的教育功能和家庭的社会功能等常识以后，家庭生活就容易回归理性，并随着我们对家庭教育的科学开展，收获幸福就可能水到渠成！

一、居所不是家庭的全部

(一)居所只是家庭的一种物质存在

情景再现

提到家,人们脑海中就会想到血缘亲缘,想到温情关爱,进而想到共同的居所、经济的扶持、生养子女……如今家庭的类型越来越丰富,除了以异性恋血亲制度为特点的传统家庭,还出现了如收养家庭、寄养家庭、单亲家庭、同性家庭等多元的家庭形态。

尊重不同的家庭类型以及认识家庭、养育和婚姻中的责任,有助于家长更好地进行子女教育和承担家庭成员的责任。

常识透视

在我们的潜意识中,有时会把居住场所作为“家”的代称。其实,居所只是家庭存在的物质基础,并不是家庭的全部。

1.家庭是什么

随着生产力发展水平的提升,人类社会经历了多种家庭形式:有以族内同辈群婚为主要形式的血缘家庭、以集团相互通婚为主要形式的普那路亚家庭、以关系并不牢固的个体婚为形式的对偶家庭、以一男一女婚配和私有经济为基础的一夫一妻制家庭。

我们今天说的家庭为一夫一妻制家庭，它是人类进入文明时代的重要标志。它是在婚姻关系、血缘关系或收养关系的基础上产生的，是亲属之间构成的社会生活单位。

2.家庭的物质形态

人，首先是一个自然生命体，其存在需要一定的物质基础。

家庭作为人类社会生活的基本单位，向每一位家庭成员提供吃、穿、住、行等基本生活资料，从而满足家庭成员在生理、安全、情感、归属等方面的需要。

所以，一日三餐的食物与餐具、取暖防寒的衣物被褥、遮风避雨的窝棚房屋等，都是人类社会私有制经济背景下家庭客观存在的物质形态。

3.家庭是一种特殊的社会团体

人类社会，由各种各样大大小小的团体组成。我们每一个人因生存空间、个性特征、爱好兴趣、价值观念、职业选择等的不同，而生活在多个不同的团体之中。家庭，就是每一个人普遍需要、独特拥有的社会团体。

经典案例

中国现代著名作家杨绛先生，在散文集《我们仨》当中，幸福地描写她的家："我们三人在一起，总有无穷的趣味。"她又在书的末尾说："我清醒地看到以前当作'我们家'的寓所，只是旅途上的客栈而已。"

由此可知，居所并不是家的全部。

(二)爱让家庭拥有丰富的精神内核

情景再现

傍晚,温暖的灯光照亮客厅。一家人围坐在沙发上,看着一部喜剧电影,偶尔响起一阵笑声。爸爸和妈妈手牵着手,相互倾听对方对电影的看法,彼此的眼神流露出淡淡的柔情。两个10来岁的孩子也依偎在爸爸妈妈身边,享受着这温馨的氛围。

电影结束后不久,厨房里传来阵阵美食的香气。妈妈正在烹饪晚餐,爸爸在旁边帮忙切菜,两人配合默契,喜悦的笑声不时传出。孩子们则迫不及待地摆好餐具,准备享用一顿美味的晚餐。

晚餐时,大家边吃边分享着一天的趣事和快乐。爸爸妈妈不时夸奖孩子的努力和进步,笑声满屋,孩子们脸上洋溢着得到肯定的满足和快乐。

晚餐后,一家人回到客厅。爸爸捧起故事绘本开始讲述,两个孩子依偎在妈妈怀里专注地倾听……

10点左右,两个孩子独立完成洗漱,还给爸爸妈妈盛放了热水,道晚安后回房间睡觉了。10点半左右,全家也都在温情的氛围中陆续进入了幸福的梦乡。

常识透视

上边的家庭场景,充满了温暖、关爱和快乐,家庭成员共同度过愉快、充实的时光。人类正是因为爱,才不断开创出新的文明。

1.从“家”和“庭”的文字内涵认识家庭

“家”字从字形上看,指在有盖的建筑物下摆放“豕”(猪),本义为祭拜的场所，后来引申为住所。由此可知，传统意义上的“家”，更加倾向于精神的寄托，而非物质财产。

“庭”，甲骨文写作，非常形象地告诉我们，这是用口和耳来议事的大房子。在生产力水平极其低下的远古时代，人们为了家人平安幸福、健康温饱、消灾避祸进行祭拜祈愿、聚合商议，这些正是人们对家人的爱的具体表现。

2.家庭能给予成员必要的精神满足

家庭除了为家庭成员提供吃、穿、住、行等物质保障外，还在多个方面给予家庭成员必要的精神满足。家庭成员在精神上相互依赖，形成相互间的爱与被爱、价值认同、情感共鸣、理解合作、关怀慰藉。

当我们获得成功时，会和家人分享喜悦；当我们遭受挫折时，会与家人倾情诉说；当我们面临艰难时，会向家人寻求帮助；当我们感受冷暖时，会给家人及时提醒。因为我们拥有家庭，我们内心才无比安定、充实、快乐和幸福。

3.爱是家庭成员间牢固的精神纽带

人类因为相互依存才得以延续和发展。由原生家庭带来的归属需要，让我们学会了通过爱的付出，来获得被爱与被接纳的幸福体验。因为相互的吸引，在“匹配现象”、依恋、互补等心理机制的作用下，让组建家庭成为维持和促进彼此亲密关系的本能反应与理性选择。

我们面对家庭成员在情感、生存、发展等方面的责任与义务，将夫妻情爱、父母舐爱、同胞互爱等凝结成家庭成员间最为牢固的精神纽带。

经典案例

梁启超毫不掩饰自己对儿女们的爱，他在写给孩子们的信中说：“你们须知你爹爹是最富于情感的人，对于你们的感情，十二分热烈。你们无论功课若何忙迫，最少隔个把月总要来一封信，便几个字报报平安也好。”

梁启超与妻子的互敬互爱，在家庭中产生了良好的影响。他在戊戌变法失败逃亡期间给妻子的信中说，“闻之喜慰敬服，斯真不愧为任公[①]闺中良友矣”“卿我之患难交，非犹寻常眷属而已”。

拥有爱，正是梁启超家庭最宝贵的财富。正因如此，梁启超家中9个子女个个成才，成就了“一门三院士，九子皆才俊”的佳话。

（引自：吴荔明《梁启超和他的儿女们》，北京大学出版社2009年版。有删改。）

（三）关系互动是家庭的存在形式之一

情景再现

细心的父母察觉到，一两个月大的婴儿会看着母亲的脸傻笑，3个月大的婴儿会面向周围更多的人投以微笑，半岁左右的婴儿又只面向他熟悉或友好的人露出笑脸。

不同情境下的笑，正是婴儿参与家庭关系互动的开始，他的大脑正处于快速发育的阶段。

常识透视

家庭成员间的互动，让家庭充满了生机和活力。

① 任公，梁启超的号，此处指自己。

1. 家庭充满着多种多样的关系互动

在家庭这个特殊的社会团体中，家庭成员间的社会关系包括婚姻关系、血缘关系、收养关系、其他亲缘关系等几大类，由此衍生出家庭集体生活中的爱情关系、抚养关系、赡养关系、共同利益关系、互助关系、种族传承关系等最为亲密的社会关系。

家庭中夫妻关系、父子母子关系、兄弟姊妹关系、祖孙关系，都具有相应的互动内容和形式。

2. 家庭提供了关系互动的良好时空

我们在家庭这个特定的物质空间里，在相应的时间线上会因生活轨迹的相交，产生出许多关系互动场，例如一同吃早餐的共餐互动场、一同看电视的休闲互动场、一同解决家庭生活难题的交流互动场等。

家庭成员生活在同一空间里，相互间也会给其他成员留下许多生活的痕迹，包括声音、图像、气息等。这些对关系的另一方或多方会产生潜在的心理影响，从而产生互动。

家庭物质空间与精神空间的共有，让关系互动伴随每一个家庭成员的日常生活。

3. 关系互动演绎出家庭的生动故事

在人类的认知发展中，记忆是每一个人进行信息加工的重要基础，也是人类与生俱来的智力要素。

家庭中的关系互动，在形式上具有重复性、持续性、稳定性、长期性等特点，在感知上具有形象性、过程性、深层性、情感性等特点，这些互动会在人的大脑中形成有意或无意的记忆。这样储存的记忆信息，会被家庭成员作为应对新情境的思维加工素材，从而形成我们解决问题的一种能力。

一个人从原生家庭获得的生活记忆一般会伴随终生。这样的记忆会成为思维信息库中的生动故事,最后被加工凝练成意识形态上的某种观念,乃至延续发展为家族的一种精神。

经典案例

父亲背着他上街,将每一个小店的招牌读给他听,见他回到家里竟然能背出许多小店名称,便又开始教他读《唐诗三百首》。见他聚精会神地蹲在门口观察房檐雨滴和石板上的小水坑,父亲就耐心地给他讲"水滴石穿"的故事。为了满足他识字、读书的欲望,父母把堆满杂物的小屋腾出来作为他的书屋,聘请最有名的私塾先生给他上课。这就是竺可桢的童年成长经历。

竺可桢正是在与家人的互动中受到了良好的影响,最终成长为中国近代地理学和气象学的奠基人。

(引自:王元红《竺可桢的童年趣事》,《中国气象报》2017年6月1日第4版。有删改。)

二、家庭也有生命周期

(一)家庭的诞生

情景再现

一对青年男女得到法律认可和亲友的祝福,一个家庭由此诞生!

家庭是亲属关系或类亲属关系中相对较小的户内群体,是一个相互合作从而发挥功能的单位。经典的家庭生命六周期理论以夫妻为中心，指出家庭包括形成、扩展、稳定、收缩、空巢、解体6个阶段，分别对应结婚、第一个孩子的出生、最后一个孩子的出生、第一个孩子离开父母、最后一个孩子离开父母、配偶一方死亡这6个重要事件。

常识透视

人类社会家庭的诞生，不仅是生物性的需要，而且是社会性的需要。

1.爱是家庭诞生与维持的坚实基础

我们以爱为起点，两情相悦，结为夫妻，从各自的原生家庭当中独立出来，一个新的家庭由此诞生。

当新生命诞生，以母爱、父爱为核心基础，以其他成员之爱为重要辅助，为新生命的健康成长倾情付出，进而对新生命产生各种影响。我们将这样的付出和影响概括地称为家庭中的特有现象——家庭教育。

家庭成员之间各种以爱为主线的情感相互交融，是家庭组建与长久维持的坚实基础。

2.爱是所有家庭生活的底色

“爱”字，《说文解字》译：“爱义为行走的样子。”有人认为“爱”在造字之初是“因惠护对方而辛勤奔走”的意思。

在家庭生活中，受动物本能与社会责任感所驱使，主导家庭生活的家庭成员会将抽象的爱具体化为亲密、关心、尊重、理解、付出、欣赏、赞美等。这些具体化的情感表达又与家庭生活的相应细节融合为一体，成为家庭特有的情感生活世界，让每一个家庭成员获得幸福的体验。

3.多元化的家庭结构形式

夫妻二人组建的新家庭，随着新生命的诞生，正式成为一个核心家庭，这是数量最多的一种家庭结构形式。

如果把夫妻二人的原生家庭融合在一起，家庭中还会有祖孙关系、多重亲子关系、其他亲属关系，这样就形成了以主干家庭为组成要素的扩展家庭结构形式。

受各种因素影响，家庭还会形成单亲家庭、联合家庭、配偶家庭（未育或空巢）等其他结构形式。

经典案例

中国著名儿童文学家冰心有一句名言："有了爱就有了一切。"这句话也是她与著名社会学家吴文藻56年患难与共的深刻验证。

他们二人的家庭之旅，从远洋客轮上的偶遇开始，到鸿雁传书的爱情，再到组建家庭后的恩爱相伴、风雨同舟、白头偕老，成就了爱与家庭的一世美谈。

（引自：王佳佳《冰心与吴文藻：爱如繁星》，中国文史出版社2020年版。有删改。）

（二）家庭的发展

情景再现

一棵参天大树，我们惊叹于它的伟岸。不过，它仍然是由许久以前的一颗小小种子长成。

这颗种子，在经历了萌动发芽、生根破土后，在温度湿度相宜的环境中，在阳光、雨露、土壤、空气、营养等的不断供给下，寒暑轮回，栉风沐雨，枯荣交替，最后终于长成根深叶茂的参天大树。

常识透视

家庭就好比这样一棵极富生命力的大树。

1.家庭的生命周期

家庭的形成与发展可分为4个时期：家庭预备期、家庭形成期、家庭发展期、家庭消亡期。

当成年男女具有独立生活基础后，会逐渐脱离原生家庭，进入家庭预备期。一对青年男女结为夫妻，随后在物质和精神上较为完全地脱离各自的父母，一个新的家庭就此形成。接着，一个或多个子女的降生，新的家庭关系派生，家庭进入发展期。随着时间的推移，子女长大成人、离开家庭，曾经年轻的夫妻二人衰老、去世，当初携手缔结的家庭将逐渐走向消亡。

不管是哪一种家庭结构形式，生命周期均与此类似。

2.家庭的发展

家庭成员的成长变化是家庭发展的核心。

每一个孩子的生长都受到相当复杂的生物学遗传影响。一个携带着独特基因的小小受精卵不断分裂生长，发展成为一个充满个性的生命个体。

先天遗传与后天环境，给生命个体提供了发展基础。在孩子成长的后天影响因素当中，家庭的影响相当巨大。家庭的影响既包括外显于教育活动的言语说教、行为训练、激励惩罚，还包括内潜于生活情景中的亲子互动、文化熏陶、榜样示范、生活实践等。我们将家庭的这些影响作为家庭教育的重要内涵。

3.家庭财富的积累

物质财富的积累为家庭发展提供安全保障，繁衍养育后代为家庭壮大人力财富，家庭成员的良好品格、情感、愿景能为家庭积蓄精神财富。

物质财富、人力财富、精神财富的积累，既是我们对家人当下和未来、个体和群体施与爱的结果，也是我们参与家庭生活的一种自然生成。

经典案例

孟子说："君子之泽，五世而斩。"意思是君子的宏伟祖业，经过五代就会衰败，最终断绝。可是，吴越钱氏却能长盛不衰。

钱家被称为"千年名门望族，两浙第一世家"。自五代时期钱镠以来，钱家人才辈出，仅在宋朝就出了300多名进士，在近代更是出了200多个院士，其中就有我们熟知的"中国航天之父""中国导弹之父"钱学森、"中国近代力学之父"钱伟长、"中国原子弹之父"钱三强。

这是因为《钱氏家训》为钱家造就了源远流长的家庭生命力。《钱氏家训》分个人、家庭、社会、国家4个篇章共635字，它在家庭篇中指出，"欲造优美之家庭，须立良好之规则""子孙虽愚，诗书须读""勤俭为本，自必丰亨""忠厚传家，乃能长久"等。

（引自：王杰《〈钱氏家训〉：世家是如何炼成的》，《人民政协报》2021年10月18日第10版。有删改。）

(三)家庭的核心精神代代传续

情景再现

当亲朋好友前来祝贺一个家庭的新生命顺利降生的时候,"这个宝贝像父亲还是母亲"总是最热门的一个话题。

随着孩子的逐渐长大,大家除了谈论孩子与父母在身体面貌上的相似之外,还会更多地注意到孩子在气质、性格、兴趣、能力等这些内在特征与父亲或母亲的某些相似之处。

常识透视

先天遗传非常强大,家庭后天影响同样不可小觑。

1.父母素养对家庭精神传续起决定性作用

亲子关系是家庭中的重要关系。父母的有效陪伴与正面影响,就如树苗在生长中获得的阳光、空气、雨露一样,无不给予孩子点滴滋养。

父母的素养水平,直接影响着家庭后天的实施过程与结果。父母的理想信念、道德情操、价值取向、职业理解、生活观念、行为习惯等方面素养,均会在家庭关系互动中对孩子产生直接影响。孩子在家庭生活历程中的各方面习得与养成,一般都会伴随终生,甚至传续给下一代、再下一代,乃至代代相传。

2.家庭核心精神影响家庭成员的发展

人的发展,除了生物遗传要素的传递以外,还包括他在家庭当中获得的各种心理体验。家庭所拥有的核心精神会对孩子施加影响,并形成相对一致的价值观念，这就是家庭核心精神的代际传递。家庭核心精神在代际的顽强传递，能够影响一代又一代家庭成员的发展。

家庭中这种具有延续性的核心精神，来自某代或某个家庭成员。他们出于对家庭的高度负责，用实际行动将家庭成员应当遵守的社会关系准则予以“家本化”，进而凝练成能够惠泽现有及未来所有家庭成员的精神法宝。

生命体的消亡并不代表家庭一切财富的消失，家庭的精神生命可以通过代际传递得到延续。

3.家庭为孩子提供稳定的后天习得环境

家庭无时无刻不在影响着孩子的成长，这样的影响对孩子来说就是一种后天的习得。

后天的习得，是我们在家庭、社会生活中通过观察、互动、体验而不断学习到各种应对模式的过程。我们成年之前在家庭生活中的习得相当稳定，这种习得既来自家长的有意培育，也来自家庭的无意影响。

家庭成员间爱的互动，会在孩子的神经系统中刻下深深的烙印。孩子会在语言、行为、情感、思维等方面，表现出与父母惊人的相似，这就是家庭文化的代际传承，故有“孩子是父母的影子”“孩子就是父母的镜子”之说。

经典案例

民族英雄林则徐说：“子孙若如我，留钱做什么，贤而多财，则损其志；子孙不如我，留钱做什么，愚而多财，益增其过。”足见其对塑造家庭核心精神的独特智慧。

他以“存心不善，风水无益；父母不孝，奉神无益；兄弟不和，交友无益；行止不端，读书无益；心高气傲，博学无益……”等为内容的“十无益”作为自己生活和家庭教育的准则，凝结成了林家代代传续的核心精神，引导子孙后代“笃实做人”，造就了一代代栋梁之材。

（引自：杨括《林则徐传》，北京时代华文书局2016年版。有删改。）

三、家庭是心灵的港湾

（一）家庭给予我们安全和温暖

情景再现

婴儿离开母亲温暖、柔软的子宫，第一个本能的应激反应是哇哇大哭，接下来会得到毯子的细心包裹。

小孩子在外受了欺负，会哭着跑回家，扑到父母怀里诉说委屈，寻求父母的安慰和庇护。

常识透视

孩子在家庭生活中所获得的心理体验，与先天遗传基因融合在一起，构成了他的心理底色并直接影响他的一生。

1.家庭满足孩子的生理需求

吃喝拉撒睡，是每一个人生命存在的最基本要求，我们将它统称为生理需求。这些需求中的任何一项没有得到满足，人的生命就会受到威胁。所以，生理需求是推动一个人行动的第一动力。

一个人在成年之前，家庭是其生理需求得到较好满足的主要保障。三餐吃饱、鞋袜合适、夜间睡眠、定时排泄、秋冬保暖，都是每一个父母关心孩子的话题。

2. 家庭为孩子营造安全的环境

孩子在家庭中不断与母亲、父亲及其他家庭成员进行信息交换，通过情绪上的回应、肌肤上的接触、语言上的沟通，以及在家庭成员间的关心、信任、尊重、理解等高层次的情感交流体验中，获得稳定和深刻的安全感。

我们每一个人在家庭中获得的安全感将伴随终生。即使我们会因家庭的更替而步入新的家庭，新家庭也会很快满足我们内心对安全的渴求。

3. 家庭给孩子提供温暖体验

家庭从即将形成开始，就受到一个强烈的动机驱使，这个动机就是让自己及自己所爱之人获得温暖。

从爱情发生开始，情侣双方的大脑会在不同时期分泌多种化学物质，让我们在幸福与快乐、付出与回报、信任与依赖等情感体验中，用恰当的言行来构筑起家庭的温暖关系场。

家庭中特殊的依恋与亲密关系，会带给孩子稳定的家庭生活体验。这样的生活体验伴随全方位的快乐与舒适，让孩子形成温暖的家庭认知。

经典案例

郑章斐利用经商出差的机会将孩子带在身边，一同游历城市，开阔视野；引导孩子阅读各种书籍，创设书声琅琅的温馨家庭氛围；在兵荒马乱的年代，始终满足孩子们求学的需求，接孩子到内地上学。

就这样，他营造出的一个温暖安全的家庭环境，让孩子们从日军频繁轰炸的恐怖和日本兵追赶的惊吓中勇敢地走出来，帮助孩子获得崇高的人生追求，成功培养出中国“数控之父”郑维敏、爆炸力学奠基者郑哲敏两位杰出人才。

（引自：张萌《郑哲敏不负父望　用行动践行家训》，《中国妇女报》2022年2月14日第6版。有删改。）

（二）孩子在家庭中认识自我

情景再现

“我家小孩喜欢动物玩具，他会把它们照顾得很好，有时会给玩具动物喂牛奶，还会把它们抱在怀里哄着入睡。”

“我家孩子很淘气，我在家里的时候他表现得很乖，但他在爷爷奶奶面前却是另一种表现。”

常识透视

人的自我认知，是科学界一直探索的课题。自我认知水平决定了孩子的情绪表达与情感状态。

1.家庭能帮助孩子认识自我

认识自我，即“自我认知”，也就是一个人对自己的独立评判，包括对自己的外表、言行、思想等方面情况的自我觉察和自我评价。

家庭成员通过各种生活互动，让孩子在成长过程中逐步认识自我，并从区分自我开始，逐渐认识自己的外在和内在。几个月大的孩子就能初步意识到自己和周围事物的联系；1岁的孩子就知道在镜子面前摆弄自己的“舞姿”；2岁的孩子就能完全识别出自己与他人的不同，并能够通过姓名称呼来准确区分自己和他人。

2. 家庭中的角色感知与角色扮演

随着孩子自我认知水平的提高，角色感知和角色扮演会成为孩子社会适应的重要能力。

孩子在父母面前，角色是儿子或女儿；孩子在祖辈面前，角色是孙子孙女或外孙子外孙女；孩子在同胞面前，角色是兄弟姊妹。如果家里来了客人，那么孩子在客人面前的角色就成了小主人。角色扮演既取决于我们对自我的感知和预设，也受角色环境相关者的期望和评价所影响，从而产生微妙的角色心理调控效应。孩子角色感知和角色扮演能力的形成，绝大多数是来源于对家庭其他成员的观察、效仿和遵从。

3. 家庭的亲密性与角色自由

有人认为，角色的感知和扮演，实际是每一个人对工作或生活环境安全区的一种试探和判断。通过不断的试探，最后将自己的角色设定在自认为最安全的区间，从而获得一种舒适与安逸的情感体验。

家庭生活的亲密性，让我们的绝大多数秘密都已向家庭成员公开，心理防御与角色伪装都没有太多必要。所以，我们在家庭里的角色，会比在其他任何环境中都更加自由和真实。正因如此，家庭也具有对孩子进行角色矫正的重要作用。

经典案例

中国“两弹元勋”邓稼先，从小就在家庭教育中获得了良好的自我认知。他在父亲邓以蛰的指导下，阅读“四书五经”，背诵古诗词，苦读英文，专攻数学，还受到音乐、戏剧的熏陶，成为热爱学习的孩子。在母亲王淑蠲的教育影响下，他形成了勤劳节俭、宽宏随和的性格，养成了与普通劳动人民保持亲密关系的习惯。

就这样，他在拥有深厚的传统文化基础的同时，更好地体察到了自己的民族使命角色，以其崇高的品格，成为中国人民心中的丰碑式人物。

（引自：许鹿希，等，《邓稼先传》，中国青年出版社2015年版。有删改。）

（三）家庭中的支持帮助与归属感

情景再现

一位亲戚朋友伸出手来，想从母亲怀里接过小宝宝，小宝宝迅即紧紧地贴在妈妈肩上，用双手搂着妈妈的脖子或抓着妈妈的衣领不放。小宝宝表现出了对妈妈的依赖。

我们第一次离开家庭去读寄宿学校时，第一个晚上总会辗转反侧，难以入睡，心里总是想念着家里的亲人。

常识透视

归属感是人在高级情感层面上的生动体现。孩子在不同的成长阶段，会表现出不同的归属状态。

1.绝对依赖与相对依赖

刚出生的婴儿，依赖母亲的保护和支持，获得快速的成长。在此阶段，婴儿表现出的是一种绝对依赖，他与母亲融为一体，似乎母亲及其周遭一切都属于他。

随着婴儿长大，他会逐渐体验到多种需求的延迟满足，对“自我”与“非我”有所区分，进入一种相对依赖的心理归属阶段。

2. 家庭中的支持与帮助

爱是在家庭成员间婚姻、血缘、亲缘等亲密关系背景下产生的一种心理现象。

有人站在人的心理动因角度认为，家庭成员对家人实施支持与帮助，本质上是在保护自身的利益，支持帮助家人就是在支持帮助自己。因为一个家庭成员的挫折和失败，也是整个家庭的挫折和失败。

家庭中因共同生活而牢固建立的互惠规范和责任规范，让我们不计成本地对家人施以支持与帮助。这样的规范是一种具有强烈驱使力的道德力量。另外，我们总是渴求获得良好的社会评价，在此动机的驱动下，我们会最大限度地对家人施以支持与帮助。

3. 孩子对家庭在精神与心理上的依赖

独立生活是每一个人在成长过程中的一种美好愿望。从牙牙学语开始，孩子们朝着父母和自己所期望的方向一步一步发展。物质层面的、生物学意义上的独立自主，永远无法消除我们精神与心理层面对父母和家庭的依赖。

对于一个具有健全人格的成人来说，尽管归属感还会存在于工作单位、朋友圈子、职业团体，甚至种族群体中，但对家庭的归属显得更加恒久和不可替代，因为原生家庭在促进我们健康成长的过程中，已经将归属要素刻入了我们的神经系统。

经典案例

中国航天事业奠基人钱学森曾说："父亲是我的第一位老师，教会了我太多的东西。"他在言语之中既表现出了他对父亲的依恋之情，也道出了他在精神和心理上对父亲的依赖。

钱学森的父亲博学多识，通过言传身教，帮助儿子全面发展，修习科学和艺术，支持儿子在学业和事业上不断前行。最终，钱学森不负众望，成为钱氏家族众多英才中的一员。

（引自：童苏平、邢娓娓《钱学森传》，河南文艺出版社2017年版。有删改。）

四、家庭是孩子的第一所学校

（一）家庭具有明显的教育特性

情景再现

做父母的，大都经历过这样的场景：某一天，吃完奶之后，那个原来只会哇哇哭闹的还只有4～5个月大的小不点儿，第一次叫了声“mama”。后来的一天，也许是尿急，他似乎在大声地喊：“baba。”

实际上，孩子在4~5个月大的时候，只是无意识地发出mama、baba的音，并无所指，哭闹时更加明显。就跟父母教能学语的孩子1，2，3一样，他虽然会数，但并不知道都代表什么，无法与现实数量对上。等到8～9个月大时，孩子才能把mama和baba的发音和人对应起来。

尽管如此，听到孩子第一次发出这样的声音，对父母来说，都值得纪念。父母为孩子的每一个变化而惊喜，引导孩子从哭闹到牙牙学语，多么神奇，又多么神圣而温馨！

常识透视

父母或陪伴孩子成长的其他长辈，开启孩子成长的旅程……

1. 人类社会发展与家庭中的教育

原始社会并没有专门的学校，年长、病弱者会在照看年幼一代的过程中，向他们传授基本的劳动生产经验和一定的社会行为规范。儿童会在参与游戏活动及力所能及的生活劳动中学到更多的知识，形成具有与自身性别、分工相适应的能力。

随着生产力水平的提高，家庭出现，人类社会由孩子“共有共育”的原始教育时代走向家庭教育时代。家庭就如学校，家长或其他成年家庭成员就是教师，家庭生活就是课堂，生活技能与社会规范就是主要的教育内容。

2. 家庭生活中蕴含着教育

虽然人类从奴隶社会开始，出于阶级统治、生产发展、文明传播、文化传承等需要，形成并完善了专门从事教育工作的学校，但是家庭的教育功能不仅没有得到代替，而且在人类社会高度发达的背景下显得更加重要。

𢼂，是一个会意字，左边上部为结绳记事，代表知识，左边下部为孩子，右边为手执教鞭。《说文解字》解释为：教，上所施下所效也，即是指“教”的本义为施教与效仿。

在家庭生活中，父母或其他成年家庭成员与未成年成员之间开展的施教与效仿行为大量存在，教育就发生在亲子陪伴、言传身教、交流互动的家庭生活当中。

3. 从孩子的生活时空看家庭中的教育

孩子进入幼儿园前的生活时空主要在家庭，孩子进入幼儿园后仍有相当比例的生活时空是在家庭中。

家庭为孩子提供了教育成长的时空保障。学校的教师无法替代家长及其他成年家庭成员对未成年孩子的教育影响,孩子在家庭这个特定时空里,通过各种生活体验获得成长。

经典案例

新中国成立以来感动中国人物之一李四光,以浓厚良好的家庭氛围,让女儿受到科学与艺术的熏陶。

他在百忙中关爱家人,坚持亲自给妻子配药,用体温给孩子暖肚子,亲自接孩子回家,和孩子聊天,常常安慰女儿在艰苦的学习中"不要着急、慢慢来",用严谨执着的科研精神感染下一代。

在他的影响下,他的下一代也和他一样,不断取得科学成就,谱写出"一门三院士"的时代传奇。

(引自:央视新闻频道《家国春秋》第五集《两代人三院士》。有删改。)

(二)家庭拥有明确的教育目标与丰富的教育内容

情景再现

"小乖乖,筷子应该这样拿。"妈妈一边示范,一边手把手地教孩子怎样用右手正确地使用筷子。

"孩子,你长大了,我送你一个小闹钟,以后你就可以自己掌控时间了。"爸爸送给孩子一个美丽的小闹钟作为生日礼物,提醒孩子要有时间观念。

常识透视

家庭对未成年孩子施加的各种教育影响,都具有明确的教育目标和丰富的教育内容。

1.家庭拥有明确的教育目标

父母为了让孩子能健康成长、全面发展,会在道德品质、身心素质、生活技能、文化修养、行为习惯等方面对孩子施以培育、引导和影响。

以培养孩子阅读习惯为例:父母会在孩子的成长过程中给孩子翻阅、指认彩色图画书,在孩子入睡前给孩子讲读绘本故事,给孩子提供翻阅连环画的条件,共读共享适宜孩子阅读的卡通、小说等。父母通过阅读内容的确定、阅读形式的选择、阅读时间的安排、阅读成果的展示,形成了目标指向非常明确的家庭教育阅读课程。

2.家庭拥有丰富的教育内容

家庭里的教育内容,涵盖德智体美劳各个方面。这些内容,既存在于住所的房前屋后、居室的陈设布置、书房的桌椅架册中,又存在于家庭成员的穿着打扮、言谈举止、待人接物中,还存在于家庭成员间的每一次陪伴、每一次合作、每一次游戏、每一次离聚中。

家庭所拥有的教育内容,具有呈现全面、示例典范、练习精到、内涵丰富、时空密集的特点,任何学校的教育内容都无法与之媲美。

3.家庭是一部特殊的"教材"

学校一般用教材的形式呈现教育内容。家庭这部"教材",不同于学校传统的文字教材和音像教材,它的呈现形式是多维立体的,有声音、图像、文字,还有时空融合、手脑并用、情感交互等。

对于家庭这部“教材”，孩子作为特殊的学习者，不仅能用眼睛看到、耳朵听到、鼻子嗅到、嘴巴尝到，还能用肌肤感触到、双手握捏到、双脚踩踏到，更能奇妙地用情感体验到、思维梳理到、心灵感悟到。家庭这部“教材”，既没有固定的体例格式，也没有一成不变的范例，还没有严格的分科，它是随机生成的、灵活多变的、开放融合的，它是一部由家庭成员全身心“沉浸式”书写的活教材。

经典案例

容国团的父亲在院子里用一张木板床当乒乓球台，用一根竹竿作为隔网，和孩子一起练习打乒乓球，这让天性好玩的容国团痴迷其中、乐此不疲。他还鼓励荣国团要专心打球，长期坚持就一定会取得成功。正因如此，容国团在干活之余，始终保持对乒乓球运动的热爱，在集市的案板上也能和小伙伴们一起练习打球。

日复一日地训练，终于让容国团夺得我国第一个世界冠军，成为新中国里程碑式的体坛人物。

（引自：何志毅《冠军的尊严：容国团传》，广东人民出版社2009年版。有删改。）

（三）家庭具有生动的教育实施

情景再现

饭前，孩子参与备餐活动，清理和摆放碗筷椅凳。

饭中，孩子遵守就餐礼仪，不挑食偏食，不浪费粮食，和家庭成员交流谈心。

饭后，孩子主动收拾餐桌，清洗归放餐具。

常识透视

家庭成员共同生活中的一切，都是最生动的教育实施。

1.家庭生活片段就是一堂堂生动的课

家庭成员的每一次共餐，都是一堂生动的课。

对刚刚开始识数的孩子，父母会在备餐过程中教孩子在摆放碗筷时注意清点就餐人数；对渐明事理的孩子，父母会在就餐时教会孩子留意座次、礼让长辈等就餐礼仪；对已经能独立做事的孩子，父母会教孩子参与家务劳动。

家庭共餐这堂课，包括了数学、道德、劳动、语言等学科内容，这堂课的学习内容被置于实实在在的生活情境之中，还非常自然地用到了传授领悟、自学辅导、引导发现、情境陶冶等教学方法。

与一餐饭类似，家庭生活中的每一个片段，都包含着丰富的教育内容、多元的教育方法、深远的教育影响和高超的教育艺术。

2.家庭中的多维度教育实施

家庭中的教育实施，具有随机性、即时性、全面性、互动性、灵活性等特点。家庭生活的多向度，还决定了家庭教育实施的多维度特性。

父母及其他成年家庭成员，作为家庭中的主要施教者，在对孩子的深度理解、对学习内容的全面掌握、对教学方法的灵活运用、对学习和情绪的适度调控、对学习环节的及时评价、对学习成果的强化应用等方面，均具有非常明显的优势。

家庭能够实现预设与生成、显性与隐性、潜在与现实、远景与近期等方面教育目标与教育实施的有机统一。

3. 家庭是家庭成员终生就读的学校

汉代大儒韩婴在《韩诗外传》中记有孔子言："学而不已，阖棺乃止。"联合国教科文组织国际教育发展委员会编写的《学会生存——教育世界的今天和明天》指出："人永远不会变成一个成人，他的生存是一个无止境的完善过程和学习过程。"

父母作为家庭的创造者，在家庭这所学校里既是老师，也是学生。

我们在未成年阶段，在家庭中以父母及其他家庭成员为老师，学习德智体美劳各方面的知识。成年后，我们在家庭中学习认识儿童、学习处理家庭关系，在持续不断的体验中，对自我、他人、自然和社会的认识能力又会进一步得到提高。

经典案例

童第周的父亲不但自己热爱学习，还创办山村私塾造福后代。他特别重视对儿女们的知识启蒙，将子女教育融入日常生活中。童第周养成了爱学习、善观察、勤思考的习惯，并在观察、思考中懂得了许多生活的道理。

在这样的家庭影响下，童第周以其良好的科学素养，发展成为我国杰出的生物学家、中国实验胚胎学的主要奠基人。

（引自：俞为洁《克隆先驱——童第周传》，浙江人民出版社2005年版。有删改。）

五、家庭是构成社会的细胞

（一）家庭是孩子走向社会的预备场

情景再现

“宝贝，叫 ma——ma——。”

“宝贝，爸爸要去上班了，再见哦。”

“宝贝，今天有客人来，一会儿你就负责把小客人招待好。”

“宝贝，讲一讲你的新同学吧。”

常识透视

人跟自然界其他生物最大的不同，就是具有社会属性。

1.家庭是儿童实现社会化的初始场所

人具有创新思维，他们不满足于将简单的兽皮树叶围在身上取暖，于是发展到用纺线织布做成各种各样的衣物。

人并不满足于穿衣取暖、遮羞避丑，还需要穿得整洁，穿得体面，穿得符合身份地位，穿得与职业岗位相称，穿得更符合自己审美的标准。人穿衣服，已经远远超过生物的本能需要，蕴含着相当丰富的社会文化元素。这就是一个典型的社会化现象。

从家庭教会孩子怎样穿衣可以看出，家庭在帮助孩子健康成长的过程中，自然成为儿童实现社会化的初始场所。

2. 家庭是促进孩子社会认知发展的关键

在促进孩子社会化的过程中，父母作为家庭中的重要角色，承担着过滤和选择社会文化的重任。

父母将其不认同的社会文化阻隔在家庭之外，选择符合自己价值取向的社会文化教给孩子，有效预防孩子在成长过程中“误入歧途”。孩子了解社会中的“他事”“他人”，也是首先从了解父母和家庭开始的，这是孩子社会认知发展的关键起步。

3. 父母承担着促进孩子社会化的责任

人的社会化，是通过对社会文化的了解、认识、理解、接受、运用，最终由一个自然人成长为社会人的过程。

在日常生活中，父母或其他家庭成员将自己认可或习以为常的社会规范、生活技能、传统美德、风俗习惯等，不断传递给孩子，对孩子进行社会文化的培养和熏染，让孩子将特定民族、地区、国家的优良的社会文化内化到自己的个性品质中，从而成为一名合格的社会人。

父母在孩子初级社会化中的作用发挥得越好，就越能让孩子更快更好地适应学校和社会，从而让孩子顺利达到社会化的更高级水平。

经典案例

“人民科学家”吴文俊，在数学研究领域创造了国际数学界的吴消元法，成功运用“出入相补原理”复原了中国古代数学理论。

他的成功，得益于他父亲给予的社会化教育：读书买书藏书，让少年吴文俊在好读书、勤思考中获得良好的社会认知；在家庭无比困难的抗日战争时期，仍然鼓励吴文俊做自己喜欢做的事情，支持他坚守自己的社会价值取向；白天工作、晚上兼职,支撑全家生活,让吴文俊深刻感受社会责任担当。

(引自:柯琳娟《让数学回归中国——吴文俊传》,江苏人民出版社2009年版。有删改。)

(二)家庭为孩子提供社会化的学习内容

情景再现

一家三代人其乐融融地共进晚餐。

懂事的孩子将爷爷或奶奶等长辈们的座椅扶正、碗筷摆好,在长辈们就坐后再入坐,将最适合长辈的菜品摆放到长辈最顺手的位置,主动给长辈夹菜、盛饭。

类似的这些家庭生活情景,正是孩子社会化学习的生动表现。

常识透视

家庭是人类社会化的产物,家庭自然应在社会化的框架下存在和发展,并为孩子提供基本的社会化学习内容。

1.家庭环境是孩子社会化发展的重要内容

孩子可以从沙发茶几、床柜桌凳、电器设备等这些家庭陈设中感受到社会的物质生产状况,经历社会化学习的过程。与此相类似,孩子从家庭中的成员互动、待人接物、生活习惯,以及风俗人情处理、伦理道德理解、价值观念应用等生活细节中,感受特定的社会文化。

孩子随着家庭生活的展开,不断生成对各种知识的叠加、关联、强化、升级、操演,在不知不觉中获得与社会生产力水平相一致的学习感知,循序渐进地获得社会化发展。

2. 家庭为孩子提供基本层面上的社会化学习内容

首先，家庭帮助孩子学习基本生活知识技能。具体包括：吃喝、穿戴、语言、行走等基本生存知识技能，个人卫生、洗衣做饭、生产劳作等生活自理知识技能，伙伴交往、社会实践、团结共事等与人合作的知识技能。

其次，家庭为孩子提供基本的社会知识技能。主要有适应环境与社会常识两个方面。在适应环境方面，既包括地理气候、物产种类、山川河湖、天地星辰等自然环境知识，也包括亲人朋友、老师同学等社会关系知识。在社会常识方面，包括国家、民族、社会组织、社会发展、社会风俗等方面知识。

3. 家庭为孩子提供社会伦理道德与规范的学习内容

家庭为孩子提供社会伦理道德的学习内容，主要有家庭内的孝敬父母、体贴兄弟姐妹、平等互爱等伦理道德学习内容，还有家长在家庭生活中引入的社会伦理道德和社会公共道德学习内容。

家庭还为孩子提供认识和应用社会行为规范的学习内容，包括基本社会制度、法律法规、规章制度等。

经典案例

中国两院院士吴阶平的父亲，相当重视子女对社会性内容的学习。他让孩子们6岁阅读《史记》《三国演义》，10岁阅读“四书”“五经”，让孩子们在阅读中既打下了深厚的古文功底，也获得了较为全面的社会认知。他还引导子女学好一技之长治病救人，让子女深刻理解做一名好医生的社会价值。

正因如此，吴阶平兄弟四人，个个医术精湛，医德高尚，都成了医学界的名家。

（引自：邓立《吴阶平传》，浙江人民出版社1999年版。有删改。）

(三)家庭是社会进步的重要阵地

情景再现

不同的家庭会有不同的互动:安静的与喧嚣的,默契的与分歧的,严肃的与活泼的,杂乱的与有序的,开放的与保守的,科学的与艺术的,物质的与精神的,现代的与传统的……

如此,才让我们看到了丰富多彩的社会文化场景。

常识透视

家庭生活中的互动,是一定社会文化的产物,也是多元社会文化的外显。

1.家庭是我们内心的社会参照模型

家庭中的每一个角色,都会在我们心中被抽象成一种角色符号。当我们进入社会以后,仍会不自觉地将在社会中遇到的一些人与家庭中的某一角色进行类比,从而快速地理解这些人,让自己的内心能够尽快地趋于平衡。例如,有时我们会将领导视作父亲、兄长,将年长的女性同事视作母亲、大姐。

家庭不仅是我们认识社会的开始,而且一直贯穿我们认识社会的始终,最终形成我们理解社会的核心思维概念。

2.家庭是社会进步的重要保障

《礼记·大学》说:“古之欲明明德于天下者,先治其国;欲治其国者,先齐其家;欲齐其家者,先修其身。”家庭促进孩子健康成长,培养孩子修身齐家,为社会进步提供重要的人才保障。

从更为广泛的社会成员构成来看，家庭在促进社会进步的作用中，具有更为普遍的社会功能。其中就包括：对社会道德建设具有引导、维护、传承、推动的重要作用，对青少年成长具有健康保障、价值引领、犯罪预防等方面的作用，对建设学习型、创新型社会具有一定的基础性作用。

3.家庭是社会的细胞和微型的社会

人，是构成社会的基础。人与人的结合，形成了社会的最小单元——家庭。家庭，具备了社会在物质层面与精神层面上的主要元素，所以我们说家庭是社会的细胞。

我们认识社会、理解社会、融入社会，不断将社会物质元素、精神元素融入家庭生活中，大社会被我们精巧地装进了小家庭，让家庭成了微型的社会。

经典案例

“杂交水稻之父”袁隆平，不仅为解决中国人民的温饱问题做出了贡献，更为世界和平和社会进步发挥了重要作用。

袁隆平的成功，与他父母的悉心培育是分不开的。他不但被父亲投笔从戎的毅然担当所感染，而且得到了母亲更为细微的支持。他的母亲很好地将社会元素融入了家庭教育中：启蒙儿童袁隆平在郊游中认识土地，启发少年袁隆平加强阅读与学习，尊重青年袁隆平的人生选择，鼓励从事研究的袁隆平在遭遇实验失败时重拾信心。

袁隆平的成功，不仅是他个人的成功，而且是他所在家庭的成功，更是人类社会的成功。

（引自：郭久麟《袁隆平传》，西南师范大学出版社2016年版。有删改。）

常识二

家庭教育远不只提供书桌

——优化家庭环境

蓬生麻中，不扶而直；白沙在涅，与之俱黑。

——《荀子·劝学》

随着社会的进步，越来越多的家庭把对孩子的教育放在特别重要的位置，孩子几乎成了家庭的中心。全家都关注和重视孩子的健康成长，尽力为孩子创造更好的条件，为了能把孩子养育好，似乎付出再多也在所不惜。

多数家长认为教育孩子的关键是学校和老师，于是努力为孩子选择好学校、好老师，可是并非所有得到好学校、好老师培养的孩子都达成了家长期待的目标，有的孩子甚至变得越来越差。家长的良苦用心没有换来孩子预期的成长，曾经的子女成才梦也越来越渺茫。

问题出在哪里？原来一些家长虽然为孩子选择了所谓的好学校、好老师，学校的教育环境很好了，但是忽略了对孩子成长来说更为重要的家庭教育环境。当家长认识到家庭环境的重要性，就会发现营造良好的家庭环境是一件多么紧迫的事情。

愿所有家长都成为良好家庭环境的营造者。当所有家庭成员共同优化家庭环境，真正形成有利于孩子健康成长的氛围时，孩子就可能出现让家长感到惊喜的变化。

一、耳濡目染给未来铺就底色

(一)家庭环境——最重要的教育影响因素

情景再现

孩子在幼儿园自己穿衣、自己吃饭,回到家后,父母帮着穿衣服、家人追着喂饭。5天学校教育的良好成果,抵不过2天家庭生活的负面影响,即5+2≤0。有的家庭和学校相互配合形成合力,取得了5+2≥7的效果。

常识透视

家长以为尽自己所能把孩子送到学校,就解决了孩子所有教育问题,却往往忽略了家庭环境才是最重要的教育影响因素。

1.家庭环境直接影响孩子成长

西晋哲学家傅玄在《太子少傅箴》中说“近朱者赤,近墨者黑”。家庭环境对孩子有一种春风化雨、润物无声的影响。孩子的成长从熏陶、感知、模仿开始,家庭成员的一言一行以及家中的一草一木都会对其产生影响。

2.家庭环境综合影响孩子成长

本书研究的家庭环境是指对未成年人施加影响的家庭教育环境。家庭环境不是单纯指家庭条件,还包括家庭的人员构成、家庭教养、家庭经济条件,以及家人的知识水平、社会层次等。这些因素综合影响孩子成长。家庭教育环境分为家庭教育硬环境和软环境。硬环境指物质环境，软环境则包括文化环境和精神环境。

3.家庭环境深刻影响孩子成长

随着孩子呱呱坠地，家庭成为孩子人生的起点和生长的第一环境，孩子成为家庭的希望和梦想。孩子进入学校之前，绝大部分时间都是在家人的陪伴下度过的。孩子在进入社会之前，居住的环境主要在家庭。家庭环境对儿童的影响远远超出人们的想象，家庭环境是影响孩子教育最重要的因素。因此，可以说是家庭环境造就了孩子。

经典案例

有人做实验把一对同卵双生的女孩子从小分开，一个留在大城市的家庭里，一个被送到边远的亲戚家生活。留在城市的孩子喜欢读书，智力发展较好较快，也比较文静；而在森林附近的亲戚家长大的孩子则不想读书，身体很好，会爬树，也很灵巧，性格很开朗。由此可知，家庭环境对孩子成长的影响是很大的。

（引自：赵忠心《家庭教育学——教育子女的科学与艺术》，人民教育出版社2017年版。有删改。）

（二）家庭环境是儿童认识社会的开始

情景再现

在家庭环境中，通过家人的照料和接触，婴儿逐渐认识了家庭中的人、事、物，也渐渐知道哪些东西可以吃，哪些东西可以玩儿，哪些事情可以做，懂得哪些行为会得到赞赏，哪些行为会遭到批评。

常识透视

儿童在从自然人成长为社会人的过程中，通过认识家庭环境来逐步认识世界。

1.家庭环境是儿童认识社会的开始

婴幼儿的很多知识和经验都是从最初接触的家庭环境中学来的，有人形象地把家庭环境称为儿童生活的教科书。

家庭环境是儿童最重要的生活场所，也是儿童认识世界和早期社会化的重要场所。从古至今，家庭都是孩子的第一所学校，父母则是孩子的第一任教师，人类认知的启蒙都是从家庭中开始的。

2.家庭环境是儿童认识社会的参照物

在入学之前，家庭基本上就是孩子的整个世界。家庭里的一切都在影响着孩子的认知和发展。孩子不会选择，也无法选择，默默地吸纳着家庭生活中的一点一滴来认识周围的世界。儿童没有形成自己的"三观"，他们在理解和接受某种生活态度、思想观念、思维方式、行为方式时，总是以家庭生活中的所听、所看、所思、所悟为参照。

3.家庭环境是影响儿童认识社会的关键

家庭环境无时无刻不在影响着孩子，对孩子的发展起着熏染的作用。这种熏染不同于家长的说教和有意识的示范，而是悄无声息地对儿童的成长产生影响。处在生长发育期的儿童，任何人和事对于他们来说都是新鲜的，他们像海绵一样不加选择地吸纳着周围的一切。孩子经常接触的人、事、物,对其生活习惯、思想品行、思维方式,都会产生潜移默化的影响。家人对孩子的影响不仅仅在于怎么说,更在于怎么做,这也是身教重于言传的道理所在。

经典案例

冰心语重心长地教诲女儿吴青:你首先是人,然后才是女孩子,自己做事要主动承担社会责任。童年的吴青,就知道如何热爱自然,善待他人。她以父母为榜样注意保护环境,从不乱扔垃圾,从不摘花拈草;在母亲的鼓励下,她养过小鸡小鱼,也养过小猫小狗,通过给小动物喂食喂水,照料它们一点点地长大,培养了她对生命、对社会的责任心。小学一年级时,她是全班为抗战将士捐款最多的一个。晚年的她,从北京外国语大学退休后,一直热心于社会公益事业。

(引自:柳哲《冰心教子有方》,《辽宁教育》2014年第6期。有删改。)

(三)家庭环境是儿童认识世界的一道防护

情景再现

孩子帮忙做家务劳动,你鼓励和肯定他,他会再次参加家务劳动;约定时间关电视机,你在孩子大吵大闹下妥协,下次你关电视机时,孩子仍会大吵大闹。

常识透视

在家庭教育中,要充分发挥家庭环境的保护功能,促进孩子健康成长。

1.家庭环境是儿童认识世界的净化器

良好的家庭环境，家人会有意识地对影响儿童的因素进行过滤，选择优良因素为儿童创造优良的环境，将不良的因素排除在外或转化为优良因素，为孩子的健康成长保驾护航。优良的环境对个体成长可以形成良性循环，起到事半功倍的作用；不良的环境则会让个体的成长形成恶性循环，让教育背道而驰。

2.家庭环境是儿童认识世界的强化剂

强化就是在行为或行动之后，环境中给予（或去除）某些内容，致使将来更有可能再次发生（或不发生）这种行为或行动的一种现象。良好的家庭环境中包含着许多能够激励儿童积极上进的因素，如来自家人的表扬、赞赏、奖励、支持，或者有意义的物品、积极的家庭评价、温馨的人际关系、良好的社交圈子等。通过这些因素，让孩子达到预期目的，满足他们的某种愿望，或使之从中看到某种希望时，就会对其行为起到强化作用，进而激发孩子新的动力，从而形成教育的良性循环。

3.家庭环境是儿童认识世界的防火墙

孩子在家庭环境中与家人朝夕相处，具有相处时间较多、交流沟通便捷、发现问题及时、对话方式多样、教育影响连续等特点。这是学校教育所不具备的，这也为家长随时随地对孩子的言行进行监督和净化提供了便利。良好的家庭环境时时、处处影响着孩子，优秀的家长时刻关注和引导孩子，对孩子不良的言行及时说“不”，并帮助其改进。

经典案例

有一天，孔子一个人站在庭院之中，伯鱼从孔子旁边快步走过，孔子忙叫住他问:“你学了《诗》吗?”伯鱼回答说:“没有。”孔子就教导他说:“不学《诗》,你就无法正确表达自己的意思,别人就无法明白你的意思。”伯鱼退下去后就遵照父亲所说的话,开始专心学习《诗》了。

一次,孔子独自站在庭院中,他问路过的伯鱼说:“伯鱼,你学了《礼》吗?”伯鱼回答说:“没有学。”孔子便对他说:“不学习《礼》,你就无法在社会上立足啊!”伯鱼退下去后又去认真钻研《礼》了。

(引自:刘传德《中外名人教子故事》,《教育导刊(幼儿教育)》2006年第1期。有删改。)

二、做良好家庭环境的营造者

(一)良好的家庭环境需要营造

情景再现

本月家庭会议现在开始。

感谢爸爸辛勤地工作,感谢妈妈每天准备可口的饭菜……

我最近脾气有点儿急。我没有做好学习的规划……

希望爸爸多花一点儿时间陪我,希望妈妈多一点儿笑容……

现在就新房子装修事宜进行讨论。我建议装一间书房。我希望有一间健身房……

全家一致决定装书房,健身房下次再讨论。

本月家庭会议到此结束。

常识透视

为了孩子的健康成长，家长要做良好家庭环境的营造者。

1. 加强学习，提高家庭环境营造水平

要成为良好家庭环境的营造者，应该知道为什么和怎么办。这就需要加强学习，不断提高营造家庭环境的水平和能力。不仅父母需要加强学习，还需要其他家人共同学习、共同提高，构建学习型家庭。

2. 达成共识，提升家庭环境营造理念

家庭环境的营造不是一个人就能完成的，需要家庭成员共同努力。在学习营造良好家庭环境的知识的基础上，家庭成员要充分沟通，形成正确的家庭观念，为营造良好家庭环境达成共识。

3. 建立规划，完善家庭环境营造方案

营造良好的家庭环境不是一朝一夕的事情，解决家庭环境问题也绝不是一时半会儿就能做到的。这需要家庭成员共同弄清现状，了解优势和不足，共同拟定和完善优化家庭环境的规划和措施，确保优化家庭环境有序推进。

4. 积极行动，加强家庭环境营造实践

良好的计划唯有执行才会有成效。家庭所有成员要按照规划和措施付诸行动，在实践中不断总结和改进，为共同营造良好的家庭环境而努力。

5. 辩证思维，构建家庭环境营造系统

家庭环境对孩子的影响不是绝对的，家庭环境某一方面的影响更不是绝对的。家长要辩证地看待家庭环境对孩子发展的影响，家庭某一环境对个体的影

响绝非唯一决定性因素，只有辩证地看待家庭诸多因素的综合影响，系统的家庭环境才能发挥更大的功效。

经典案例

《三字经》中说："窦燕山，有义方。教五子，名俱扬。"窦燕山，原名窦禹钧，五代后晋时人，他家教很严，建有书房40间，购书数千卷，还聘请了品学和德行都很优秀的老师教授自己的5个孩子。由于受到良好的家庭教育，窦氏的5个儿子相继在科举考试中高中，并在官府中身居要职，时人赞为"窦氏五龙"。

（引自：《月读》编辑部《良好的家教成就孩子的未来》，《月读》2013年第5期。有删改。）

（二）营造良好家庭硬环境

情景再现

儿子："爸爸，我们什么时候搬家啊？"

爸爸："这里不好吗？楼下农贸市场买菜方便，离车站近回老家方便。"

儿子："但是这里好吵啊，我都不能安心地学习和休息啊。"

常识透视

儿童处于启蒙时期，家庭硬环境对孩子的健康成长有着直接的影响。

1.家庭物质环境满足人们生存需求

家庭硬环境通常指的是家庭物质环境，包括但不限于以下方面：居住条件、生活设施、安全设施、交通工具、生活用品等。这些物质环境因素对家庭成员的生活质量、舒适度和便利性有着直接的影响。物质生活条件是家庭生活的物质基础，是满足人生存需求最基本的前提，有了基本的物质生活条件（如吃饭、穿衣、居住等），满足了最低层次的生理需求（心理学家马斯洛认为人的需求的5个层次分别是：生理需求、安全需求、社交需求、尊重需求、自我实现需求），人们才具备了追求更高层次需求的基础。

2.家庭物质环境给孩子提供成长保障

良好的物质条件可以更大限度地满足孩子的兴趣和需求，父母有更多的时间关心孩子，陪伴孩子成长。家庭物质环境是孩子接触到的第一个教育场所，是家庭成员共同生活和交流最频繁的地方，也是实施家庭教育的主阵地，对孩子的成长起着潜移默化的作用。但很多家长只注重对孩子智力的培养，为选好学校、上辅导班忙得不可开交，却忽略了家庭物质环境应有的教育作用。

3.理性看待家庭物质环境的作用

是不是物质环境越好就越有利于孩子健康成长呢？研究发现：好的物质条件与孩子的健康成长并不总是成正比的。当物质条件不能满足孩子基本的成长需求时，物质条件越好，孩子健康成长的可能性越大。当物质条件刚好能满足孩子的成长需求时，物质条件的好坏对孩子健康成长的影响较小。当物质条件超越孩子的成长需求时，部分家庭物质条件越好，反而越不利于孩子健康成长。因此，父母应理性看待家庭物质环境的作用和影响。

经典案例

孟子家住在农村的一片坟地旁边，孟子小时候就学着玩哭丧、埋人之类的游戏。孟母认为此环境对孟子成长不利，于是迁居集镇。结果，在那里孟子又学做买卖的游戏。孟母还不满意，又迁居至一个学堂旁边，孟子渐渐受到良好影响，于是一家人在此地定居下来。

（引自：赵忠心《家庭教育学——教育子女的科学与艺术》，人民教育出版社2017年版。有删改。）

（三）营造良好的家庭软环境

情景再现

我们身边有很多贫寒家庭的教育很成功，这些贫穷家庭的孩子品学兼优，克服重重困难接受良好的教育，最终为社会做出了较大的贡献。有很多富裕家庭、权贵家庭教育失败，孩子成绩较差且品行低劣，部分“富二代”“官二代”甚至走上犯罪道路。身为家长的你不断努力改善家庭物质环境，孩子却没有发生期待的变化。

常识透视

在家庭硬环境相差不大的情况下，软环境发挥着越来越重要的作用。

1.高度重视家庭软环境

家庭软环境是指家庭中的非物质因素，它诉诸人的内在情绪和感受，对人起着潜移默化的作用，是家庭生活中人与人之间相互联系时所形成的一种特殊气氛。家庭的物质环境是孩子健康成长的基础条件，随着家庭经济水平的提升，现在的家庭物质条件基本上都能满足孩子成长的需求，家庭硬环境的影响越来越小，家庭软环境对孩子的影响越来越大。家庭软环境是家庭中影响人们行为和思维方式的重要因素，对孩子的成长发展有着深远的影响，有助于孩子形成健康的生活方式和养成良好的行为习惯。家庭软环境包括家庭文化环境和家庭精神环境。

2.营造良好的家庭文化环境

任倩在《“富二代”的家庭教育问题研究》中指出：家庭文化指的是一个家庭世世代代传承过程中形成和发展起来的，比较稳定的生活方式、生活作风、传统习惯、家庭道德规范、为人处世方式。家庭文化包括家庭的物质文化、行为文化和观念文化3个层面，具体表现在德、智、体、美、劳，食、住、衣、用、行等方面。良好的家庭文化环境的熏陶、浸润和濡染，对儿童健康心理的形成和发展是有积极作用的，对儿童人文素质的提高也是有益的。家长要树立积极的家庭文化观念，提供合理的家庭文化设施，养成健康文明的生活方式，形成良好的家庭舆论氛围，创造良好的家庭文化环境，促进孩子健康成长。

3.营造良好的家庭精神环境

家庭精神环境是指由家庭成员的精神生活内容构成的，在家庭内部所有成员中形成的一种稳定的、具有优势的情绪和情感状态，表现为家庭成员的感受、情绪、态度和气氛，是家庭成员对家庭内部环境的一种心理感受。良好的家庭精神环境表现在：家庭成员乐此不疲地陪伴家人；家庭成员即使“受伤”也能在家庭中获得安全感和幸福感；家庭气氛和谐、民主；家人主动承担义务；相互关心、爱护、理解、尊重。良好的家庭精神环境有利于父母发挥正面的教育作用，有利于营造家庭安全、民主、和谐的氛围，有利于亲子之间的沟通，有利于提升孩子社会适应和交往的能力，有利于孩子的心理健康。

经典案例

冰心从不在乎儿女成绩的名次，只要求他们做人，做“真人”。她教育儿女要对身边的人，甚至小动物，怀有关爱之心，对社会更要有责任感。

冰心的女儿吴青回忆说：“有一次，我和小伙伴一起逮麻雀玩，母亲就问我：‘天黑了你最爱找谁？’我说：‘我最爱回到妈妈身边，妈妈的怀抱最温暖了！’母亲就说：‘你想没想过，小鸟也要找它的妈妈呀！’”

（引自：柳哲《冰心教子有方》，《辽宁教育》2014年第6期。有删改。）

三、给孩子一个成长的乐园

（一）装扮一个温馨舒适的家园

情景再现

初一班主任王老师发现悠悠习惯较差。同学劝导，他恶语相向；老师提醒，他满不在乎。某天，王老师来悠悠家进行家访——从农贸市场上楼，楼道杂物遍地，室内乱七八糟，地板上像是抹了一层油，沙发上、桌子上物品凌乱，卧室一塌糊涂……

常识透视

我们也许不能像孟子的母亲那样数易其居，但我们可以优化生活环境，装扮温馨舒适的家园，改善家庭成员的生活品质。

1.环境建设共同参与

在家庭环境布置中，应尊重家人意见，发挥全家智慧，共同创造温馨而舒适的家园。特别是儿童空间，应尽量放手让孩子去设计和布置，给他们满足感和成就感，激发他们的创造力和想象力，培养他们的责任感和自我管理能力。

2.家庭空间巧妙规划

家庭装修时，应规划好公共空间、娱乐空间、学习空间和生活空间，让不同区域发挥不同的功能，建立良好的条件反射，有利于家人的和谐相处和孩子的良好学习。如个人物品不放置在公共空间，娱乐设施不进入学习空间，学习不能在娱乐空间进行等。家庭空间的采光和照明也值得注意。

3.家庭布置恰如其分

居住面积、家装风格、家具物品、空间陈设要恰到好处。空间陈设要富有文化气息，可辅以书画作品、家居饰品、花卉绿植等提升家庭文化气息。尽量做到精致、实用、合理、协调，切忌太多、太满、太杂，影响家人生活和孩子学习。

4.家庭环境干净整洁

生活在干净明亮的屋子里，任何时候都会感到非常安心。一个家庭的整洁程度，代表了一家人的生活态度。环境整洁干净、物品摆放有序，是一个家庭良好精神风貌的体现。家庭成员平时在家里要多整理家居，打扫卫生，清理垃圾，保持居家环境的干净整洁。我们还应多开窗通风，改善室内空气质量。

经典案例

相传陈蕃年轻的时候，有一天，他父亲的朋友薛勤来访。薛勤到陈蕃的住处看了一眼，见屋里又脏又乱，院子里更是龌龊不堪，心中不快，问陈蕃："年轻人，难道家里来了长辈和贵宾，你也不肯把房间院落打扫一下吗？"陈蕃不以为然地回答："大丈夫处世，当横扫天下，哪里犯得着在区区几间屋子上花工夫！"薛勤反问道："一屋不扫，何以扫天下？"陈蕃无言以对，从此尽扫狂傲之气，终有所成。

（引自：郭相廉《见微而知著》，《思想政治工作研究》1994年第6期。有删改。）

（二）给孩子独立的学习空间

情景再现

孩子在学校进入操场锻炼身体，进入教室坐下来专心学习，晚上回到宿舍安心睡觉。孩子回到家，在客厅这个集家庭会客、娱乐、吃饭、休闲、聚会和学习为一体的综合场所做作业，却常常走神。

常识透视

心理学上有个名词叫地点动力定型，即在固定的地方会条件反射地集中注意力做某件事。孩子在家也应当如学校一样有一个专属的学习空间，形成一种学习地点的定型。为了孩子能够在家专心学习，家长要为孩子提供一个专门的学习空间。

1.创造独立空间

有条件的家庭可以给孩子一间独立房间作为书房。没有条件的也应在客厅、卧室或阳台的一角摆放书柜和书桌，为孩子创设一个井然有序的学习环境。如果实在无法为孩子留出独立空间，也应想方设法给孩子一点儿可以自己支配的地方，为孩子准备一些他们感兴趣且有教育意义的玩具和游戏材料，让孩子既能动脑动手，又能乐在其中。

2.尊重孩子选择

孩子独立空间的布置要充分尊重孩子的选择，让布局和摆设符合孩子身心发展的特点。在购置设备设施时，应当充分征求孩子意见(征求方式和内容因年龄、性别而异)，尽量购买孩子喜欢的家具。孩子还可以动手布置和美化自己的空间，该空间归孩子所有，大人不得随意干扰和占用。对于空间的管理，家长可给予指导帮助，但切忌包办代替。

3.满足健康要求

应尽量选择有自然采光的房间作为孩子独立的学习空间，保证白天光线明亮。房间灯光应适当，应选择可调节亮度的智能灯具，其亮度参照相关标准决定，保证夜间光线充足。要充分考虑到安全需要，避免电、烫、磕、绊、挂等安全隐患。儿童空间还应注意隔音，尽量安静，减少噪声对儿童的干扰。良好的通风环境可使空气清新，有利于儿童健康成长。

4.加强空间管理

家长应督促孩子管理好自己的空间，定期进行清扫和整理，使之干净整洁，物有所归。儿童空间不要摆放太多的生活杂物，应该留有适度的活动空间，否则会分散孩子的注意力。特别要注意的是孩子使用的床板、书桌、凳子等家具，应当根据孩子的成长情况适当调整，与孩子的身高比例相配。

经典案例

小金庸家没有学区房，但是有3间书房，那里面有很多线装书。据他弟弟回忆，这里面有《荒江女侠》《封神演义》《儿女英雄传》《明史》《水浒传》……这些书，小金庸早早就读完了。他的父亲和哥哥有邹韬奋的《萍踪寄语》《萍踪忆语》等世界各地的旅行记，这些都成了小金庸的读物。

（引自：六神磊磊《最好的学区房是你家书房》，《文摘报》2017年4月25日第2版。有删改。）

（三）科学管好用好家庭经济

情景再现

有的家庭虽然经济收入比较低，但精打细算也能把日子过得和和美美，孩子教育的物质条件也能得到很好的满足，孩子在勤俭节约中健康成长。有的家庭经济收入比较高，却大手大脚把日子过得捉襟见肘，家庭常常因为经济问题而矛盾不断。有的孩子因衣食无忧而不思进取、荒废光阴，有的却甚至连基本的学习条件也没有保障。

常识透视

家庭经济收入与家庭物质环境、学习环境的营造息息相关，进而对子女的教育也会产生一定的影响。在物质生活得到满足之前，幸福与家庭经济收入是成正比的。满足物质需要之后，家庭经济收入情况对儿童教育的影响不再是绝对的，起决定作用的是对家庭经济的科学管理。家庭经济管理不但影响家庭生活水平，还影响家庭关系和家庭氛围，也影响着孩子的成长和发展。家庭消费计划、消费结构的合理性对家庭的影响更加直接和长远。

1.勤俭节约是根本

勤能开源，俭可节流。持家要会精打细算，虽然不同的家庭有不同的经济水平和理财理念，但应量入为出，力求有所积蓄。

2.家庭消费要科学

当下的家庭消费出现了重腹轻脑、重幼轻老、重节轻闲、重娱轻健等偏差，孩子的消费观也出现了盲目消费、炫耀消费、高档消费等误区。家庭的消费，应在勤俭持家的原则下，在力所能及的范围内使消费结构、消费比例科学合理。家长应把“智力投资”放在适当的位置，但要考虑到实际需要和效益问题，把握好量与度，避免造成盲目消费和过度消费。

3.经济开支强预算

勤俭持家也需满足正常的物质生活和精神生活开支，家庭应加强预算，做好计划开支。持家者应对每年、每月家中的收入和支出、消费结构和消费比例、必要开支和弹性开支做到心中有数。要关注市场，力求买到物美价廉的商品，提高消费效益；要避免盲目消费和冲动消费，以免造成浪费。

4.民主管理齐参与

管理家庭经济，要学会发扬民主，引导孩子适当参与家庭管理，这不仅有助于孩子养成勤俭节约的良好习惯，形成正确的消费观念，而且对提升孩子的家庭责任感和财商水平也是大有裨益的。

经典案例

司马光没有孩子，便过继了侄子司马康为养子。司马光教育儿子要节俭，并以身作则，用自己的日常行为影响儿子。为了让儿子明白节俭的道理，他特意写了《训俭示康》，他在文章中说：我只求衣服能御寒、食物能充饥，这是出自本性，而不是为了博取好名声而故意穿破衣、吃粗食。节俭的人，贪欲少，就不会被外物所惑，进而走正道；而奢侈的人，贪欲多，容易被外物所诱，进而走入歧途……受父亲言传身教的影响，司马康在生活中也逐渐养成了节俭的习惯。

（引自：赵锐《司马光教子节俭》，《中华家教》2020年10期。有删改。）

四、给孩子一个文化的庄园

（一）完善家庭文化设施

情景再现

去朋友家做客，我被其装修深深吸引：新中式风格的装修简洁且素雅，原木色的家具摆放整齐。玄关的博古架上摆放着许多小巧的艺术品和几盆精致的植物。客厅墙上悬挂着几幅字画，一角的盆栽生机勃勃，微开的花瓣散发出幽雅的香气。另一角的书柜上摆放着一些书籍，书柜旁边是灰色的布艺沙发和小茶几。书房的书柜装满了图书，墙上挂着几幅书法作品，书桌上笔墨纸砚一应俱全。阳台的一角改成了茶室，另一角布置了简单的水景。看着这一切，我浮躁的心渐渐平静下来。

常识透视

随着经济的快速发展，人们的生活水平显著提升，家庭消费水平和消费结构也随之变化，文化消费比重不断增长，家庭文化设施不断丰富，家庭文化品位不断提高。家庭文化设施是家庭文化环境优化的物质基础，是家庭成员学习和孩子发展的重要保障，应不断完善。

1.让家带有文化“味”

家庭的装修风格代表着主人的文化品位。许多人在装修的时候会选择有文化味的风格，尽可能地选择木质材料和使用木制家具。墙上悬挂一些装裱字画装饰，隔断使用屏风也是不错的选择，高低错落的花架摆上郁郁葱葱的绿植、小巧精致的工艺品或旅游纪念品加以点缀，能让家庭充满浓郁的文化气息。

2.让家庭飘溢“书香”

著名作家梁晓声先生说：“最好的家风，一定是有读书传统的家风。书架，应该是一个家庭最好的不动产。”如今，居住条件越来越好，家庭尽量要有一间书房，没有书房也应置几个书柜，书柜没有地方摆放也应有简易的书架和书桌。当然，一定数量的好书也是必不可少的。然而，光有书是不够的，还要提供舒适的阅读环境和静心阅读的时间，开展有仪式感的读书活动才能真正让家庭飘溢“书香”。

3.让家拥有艺术“范”

艺术的濡染可培养儿童良好的人格修养和艺术情操。艺术包括绘画、音乐、诗歌、影视、舞蹈、戏剧、戏曲、雕塑、书法、文学等。家长可根据实际情况，提高自己的艺术素养，制订艺术熏陶计划，保证相应的开支，营造艺术环境。书籍、电视、网络、手机、电脑、音像设备等也是获取资源和信息的载体，但要做好相关设备的管理和资源的选择。

另外，家庭还应完善游戏、劳动、科学、体育等相关文化设施。

经典案例

柳北岸先生爱读书，他的几个孩子也都是手不释卷的爱书人。如何让孩子们爱上读书？柳北岸先生曾自述说："我买了大量的书，任由孩子们看。隔一段时间，又买进另一批新书，任由他们翻。我从来不逼他们读，可是他们见我读得津津有味，而满屋子的书又伸手可及，一个个都自动自发地成了爱书人。"

（引自：李玉柱《家藏好书读自便》，《家长》2020年第10期。有删改。）

（二）提升家庭教育素质

情景再现

孩子惹了事，你为了不受过多的责备，会用父母教育自己的方法去处理，却发现根本不管用。你可知道父母当年所使用的这些方法早已过时，对现在的孩子已经不再适合。我们的教育方法也要与时俱进。

孩子在学校与同学发生了争执，甚至动手打架，如果我们使用父母当年的方法，可能会采取严厉的惩罚措施，如打骂或限制孩子的自由。然而，这种方法在现代社会可能并不合适，并且可能会对孩子的心理和情感发展产生负面影响。

常识透视

每个人的童年教育经历、人生经历、学习教育不一样，形成的教育理念不相同，选择的教育方式有区别，运用的教育技巧有差异，由此产生的教育效果就会大相径庭。有研究显示，在影响孩子发展的诸多因素中，家长的教育素质是最为重要的因素。为人父母应努力学习，不断提升教育素质，使家庭教育朝着正确的方向前进。

1.更新家庭教育观念

父母要树立正确的儿童观，要明白儿童是一个有独立人格和尊严的个体，也是处于成长过程中的个体。父母不能包办代替，要允许他们犯错，并帮助其改正。父母既要有“人人都能成才、行行都能出彩、终身都要学习”的人才观，又要有科学的亲子观，明白孩子既是自己的，也是社会的。

2.转变家庭教育态度

对孩子进行教育，家庭应该遵循一些共同的基本要求。父母应结合实际情况，实行民主教育，尊重发展规律，满足合理需求。这样才能促进孩子全面发展，达到动机和效果的统一，不能无原则地迁就或拔苗助长。父母的教育态度要一视同仁、一以贯之才能发挥作用，不能各自为政，半途而废。

3.改变家庭教育方式

父母的教育方式决定孩子的未来。每个孩子都是独一无二的个体，父母要学会接纳和欣赏自己的孩子，鼓励孩子全面发展并发挥特长，和孩子一起成长。最好的教育就是陪伴孩子成长。

4.提升家庭教育能力

首先，父母要提升了解孩子的能力，了解孩子的年龄特点、权利义务、个性特长、兴趣爱好、交朋识友等内容。其次，要有亲子沟通的能力，能用准确、生动、亲切、风趣的语言进行交流，提升沟通质量。第三，要具备选用有效教育方法的能力，管用的方法才是好方法。第四，要把握温和而坚定的原则。坚定是指教育孩子时要有明确的目标和标准，不要轻易妥协；温和是指在教育孩子时要采取谅解、支持和关心的态度。父母在教育孩子时，要善于找到温和与坚定的平衡点。

经典案例

袁隆平的母亲华静非常注重孩子的品德教育，因材施教开发孩子们的智商。“孩子的智商如同一座宝库，唯有品德和情操才是打开这座宝库的钥匙。”这是华静常说的一句话。

1936年秋天，袁隆平一家迁居到汉口。平时就注重孩子品德教育的华静，借此机会带孩子们游览了距汉口不远的“神农洞”。爱提问的袁隆平看到这么多人朝向神农的塑像虔诚祷告，禁不住问母亲，为什么神农这么受人们的爱戴？于是母亲便给他们兄弟讲了神农诞生的故事。

这是袁隆平第一次听到神农的传说。通过这件事，袁隆平的心里深深地刻上了粮食与民生的烙印。

（引自：何凯《故事孕育出的当代神农——袁隆平妈妈华静的教子经》，《中华家教》2013年第12期。有删改。）

（三）改善家庭生活方式

情景再现

我们身边的“小眼镜”越来越多，部分班级甚至全都是“小眼镜”。“小胖墩”的比例随着人民生活水平的提高而不断增加，也有一部分孩子因为营养不良成了“小豆芽”。高血压、冠心病、脂肪肝等慢性疾病出现低龄化现象。2021年，一份针对超过115万在校学生的体质健康调查结果显示:全国的学生体质健康都不容乐观,且年级越高,学生的体质越不健康。

常识透视

生活方式对人的健康有着至关重要的影响,我们应帮助孩子养成健康的生活习惯。

1.科学的作息时间

科学的作息时间对发育成长中的孩子非常重要。对孩子起床、吃饭、学习、锻炼、游戏、娱乐、玩耍、休息、睡眠等的安排和管理,都应该同孩子商量之后提出明确要求。家庭成员的作息时间应相对统一,避免相互干扰和影响。

2.适量的体育运动

适量的运动有助于身心健康。家庭成员每周应进行3~5次不低于半小时的中等强度的体育锻炼,可以选择跑步、跳绳、球类、游泳等适合自己的运动方式。运动应遵循安全、循序渐进的原则。家庭集体锻炼有利于运动的坚持和良好的沟通。

3.合理的膳食习惯

家庭三餐应定时定量,食物健康营养,荤素搭配得当,低盐低油少糖,果蔬肉蛋奶均衡。三餐应既有丰富的营养摄取,又有科学的营养结构,还能保证均衡吸收,满足身体必需,同时避免营养过剩。家庭还应提倡戒烟限酒,儿童更应禁烟禁酒。

4.文明的行为举止

举止文明包括爱护公共设施和环境卫生，遵守公共秩序和交通规则，使用文明用语，注重说话方式，举止优雅合适，邻里谦让，待人真诚，尊重他人，孝敬长辈，乐于助人，热心公益，节约资源，避免浪费等。

5.丰富的闲暇生活

家庭生活可利用节假日和业余时间、课余时间，从实际出发，开展有益的活动，如远足、看体育比赛、欣赏艺术展演、爬山、逛公园和动植物园、走进少年宫、参观科技馆和博物馆等开阔孩子的视野。还可以利用家庭媒体设备共同观看有意义的节目或艺术展演，加强亲子关系。所有的活动应健康、益智、适中。

另外，孩子的穿着、房间整理、消费、交际圈子等也应引起高度重视。

经典案例

有一次，家里的炊事员很郑重地对钱永刚说："你父亲是个有学问、有文化的人。"钱永刚当时就说："这还用你说，我当然知道了！"但炊事员接着解释的话却让钱永刚记住了一辈子："你看你父亲每次下来吃饭，都穿得整整齐齐，从来不穿拖鞋、背心。这是他看得起咱、尊重咱！"钱永刚从此也向父亲学习，至今保留着吃饭要穿戴整齐的习惯。

（引自：梁江涛《有感钱学森家教就是"不教育"》，《语文新圃》2008年第12期。有删改。）

五、给孩子一个精神的家园

(一)营造安定和谐的家庭氛围

情景再现

有的家庭总是争吵不休,家人之间互相指责抱怨成为常态,孩子更是成为父母的发泄对象。生活在恐惧之中的孩子感受不到家庭的安全与和谐,在校人际关系较差,遇事比较偏执,常常情绪低落,放学也不愿意回家。有的家庭和睦,父母用灿烂的笑容和可口的饭菜迎接按时回家的孩子,使家庭真正成为孩子心灵的港湾。

常识透视

安定和谐的家庭氛围能带给孩子安全感,能让孩子感受到家人的温情和家庭的温馨。

1.安定和谐的环境是孩子健康成长的需要

孩子长期生活在不安全、不和谐的环境中会变得恐惧、孤独、焦虑、多疑、自卑、自责和仇恨。安全在人类的需求层次结构中仅次于生理需求,可以说是最重要的心理需要。安定和谐的氛围让家庭真正成为孩子“心灵的归宿”“安定的港湾”“成长的摇篮”。

2. 安定和谐的家庭需要爱和陪伴

家庭因爱而缔结和发展，成员间因爱而沟通和联结，夫妻间因爱而理解和体贴，孩子因爱感受到温暖和幸福。家是讲感情而不是讲道理的地方，家人要学会爱并主动爱。

有的父母难得回家一次，回家忙于走亲串友，或面对手机各玩各的。家长以为给了孩子金钱就能代替所有，却不知孩子最需要的是陪伴，是帮助他解决日常生活中的琐碎难题，是在他受委屈的时候听他倾诉，是在他成功的时候分享喜悦，是在他无助的时候让他依靠。家庭可组织丰富多样的亲情活动。高频率、长时间的家庭活动，有助于增强孩子的幸福感、安全感、归属感，有助于建立亲密融洽的家庭人际关系，促进孩子身心健康成长。

3. 和谐温馨的家庭需要沟通和理解

良好的人际关系需要沟通，人与人之间的感情融洽离不开沟通，安定和谐的家庭更需要高质量的沟通。家长不仅要学会倾听和表达，还要学会共情和回应，民主平等能提升沟通的质量，用心用情的沟通能提高家庭的凝聚力，不能让家人成为同一屋檐下的陌生人。

家是温馨的港湾，家人是坚强的后盾。每个人因性格、经历、学习教育不同，对事情的看法也不一样。一家人长久地生活在一起，难免会发生冲突和矛盾，需要相互理解和包容，需要营造良好的情绪表露氛围。家人比得失重要，亲情比道理重要，应多一分理解多一分包容、多一分鼓励多一分支持、多一分接纳多一分爱护。

经典案例

老舍的母亲是一位旧中国典型的劳动妇女，勤劳持家，自立自强。老舍的母亲会刮痧,她会给孩子们剃头,会给少妇们绞脸……凡是她能做的,都有求必应;谁家有事要帮忙,她总是跑在最前头……遇上亲友家中有喜丧事,她必把大褂洗得干干净净,亲自去贺吊——份礼也许只是两吊小钱。老舍曾经满怀深情地回忆说:“母亲并不识字,她给我的是生命的教育。”

(引自:张迪《名人背后的伟大母亲》,《科学大观园》2012年第13期。有删改。)

(二)建立团结合作的家庭关系

情景再现

吃过早餐,爸爸开车送妈妈去单位,然后再去公司上班。爷爷把我送到幼儿园门口,叮嘱我要好好学习。下午放学,我跑向早已等候在幼儿园门口的爷爷,爷爷牵着我的手回家。回到家,我向爷爷奶奶讲述在幼儿园的开心事,他们可高兴了。晚上,我们一家人围坐在一起,家里充满欢声笑语。

常识透视

团结合作的家庭,家庭成员都乐于承担家庭责任,彼此感恩对方的付出,让家庭变得乐观和积极。我们应理清家庭各种关系,让家人各尽其职,团结一致,精诚合作,共同营造幸福快乐的家庭环境。

1.夫妻关系是核心

夫妻关系是家庭稳定的核心,是影响孩子的第一关系。良好的夫妻关系是家庭幸福生活的前提,是孩子健康成长的重要因素,是家庭教育成功的基石。失衡的夫妻关系会让整个家庭失去重心，对孩子的发展产生负效应。有许多父母即使离婚了，仍然关系和谐，共同为孩子的教育尽职尽责，孩子受到的负面影响就很小。而有的父母生活在一起却冲突不断，对孩子的伤害较大。

2. 亲子关系是动力

亲子关系以共同生活为前提，是家庭发展的动力，决定着家庭教育的效果。良好的亲子关系可以帮助孩子更好地成长，培养其应对未来生活、学习所需要的能力。家长应无条件接纳孩子，提升亲子沟通能力，尽可能多地陪伴孩子，建立尊重、理解、信任、民主、自由、平等的新型亲子关系。

3. 老人关系是基础

与老人的良好关系是家庭和谐的基础。在与老人的相处中，应解决好奉养父母和夫妻生活的关系。要关注老人的心理需要，并灵活配合老人的“三观”，特别是在教育后代的问题上。

4. 祖孙关系是纽带

祖孙关系是现代家庭的重要关系。“隔辈亲”的祖孙关系对家庭关系有着不可缺少的联结作用。父母应客观认识隔代教育的利与弊，加强引导，扬长避短，实现家庭教育的优势互补。

5. 主动妥善处理家庭冲突

家庭冲突，尤其是父母争吵对孩子的伤害比离婚更可怕。家人争吵在日常生活中难以避免，尽量不要让孩子成为“家庭战争”的观众，切勿让孩子当“评委”或倾诉对象。双方应耐心沟通，形成一种稳定的相处模式，提前做好预案，创造一个更好的家庭氛围，让孩子健康快乐地成长。如果夫妻能真正相亲相爱，那么孩子将是无比幸运和幸福的。

经典案例

战国时期,齐国人芒卯丧妻,留下5个孩子,后来他娶了魏国孟阳之女为妻,又带来3个孩子。芒卯的5个孩子不听从继母的管教,继母千辛万苦地努力也毫无改变。后来,芒卯的孩子不慎犯死罪,继母每天东奔西跑,不辞辛劳,设法搭救。这位母亲的义举感动了魏安厘王,赦免了孩子的罪过。继母的行为打动5个孩子的心。从那以后,5个孩子都亲近、依恋、信赖继母,个个都听从她的教诲。

(引自:赵忠心《家庭教育学——教育子女的科学与艺术》,人民教育出版社2017年版。有删改。)

(三)保持恰如其分的教育期望

情景再现

佳佳:"妈妈,我这次数学考了98分。"

妈妈:"佳佳,我认为你数学能考100分呢。"

佳佳:"妈妈,我语文考了95分,班上第一名。"

妈妈:"佳佳,我觉得你语文可以考98分。"

佳佳:"妈妈,老师说我进步大,总分全班第十名。"

妈妈:"你再努力一点,肯定能考前五名。我相信你下次一定可以实现,你要努力哟。"

佳佳:"我……"

常识透视

随着社会发展和生活水平的提高，家庭对孩子教育的投入越来越大，期望越来越高，焦虑的家长常常忽略了孩子年龄、性格、天赋、兴趣爱好、身心特点等实际情况，盲目的高期望让孩子不堪重负。家长应根据实际情况构建适度的教育期望，为孩子的成长赋能。

1.转变观念，避免攀比

多元智能理论认为每个人身上至少存在8项智能，有的孩子某一项或几项很优秀，但很少有全面优秀的。所以每个孩子都是独特的个体，都有他的优点和不足，期望孩子每一方面都很优秀是不切实际的。在生活中，家长要树立正确的教育观和成才观，多看孩子的长处和优点，避免出现盲目的攀比现象，别让自己的虚荣心压垮孩子。

2.理性评价，适度期望

每个孩子都是世界上独一无二的存在，每个孩子的智能、特长、发育时间都是不一样的，用别人的标准来评价自己的孩子是不公平的，不同的孩子应该有不同的评价标准。家长要在全面了解和充分沟通的基础上，结合孩子的兴趣和特长，设置适合孩子全面、健康发展的教育期望。期望太高实现不了会打击孩子的自信心，期望较低易于实现会使孩子变得不思进取。家长应将期望设置在一个合理的范围内，既不会让孩子背负太大的压力，又能较好地促进孩子进步。孩子通过努力去实现预定的目标，满满的成就感可以促使孩子继续努力，不断进步并形成良性循环。

3.细化目标，达成共识

教育期望的实现绝非一日之功，而是一个长期的过程。家长的期望不能自己去实现,最终要靠孩子去努力达成。要想教育期望达到预想的效果,首先,家长应加强沟通,与孩子达成共识,将教育期望转化为孩子的学习目标,激发孩子实现目标的兴趣和信心。其次,家长应协助孩子将大目标分解成小目标,将长远目标转换为近期目标,让孩子在成功的喜悦和家人的鼓励中不断前行。家长要根据孩子的变化而不断调整教育期望,当孩子实现目标有困难时应适时给予指导和帮助。

经典案例

我接触过一位家长,他曾经和孩子试着换个位置,孩子当父亲,父亲做孩子。孩子向父亲提问题:“人家挣1000元,你怎么挣800元呢?人家住三居室,你怎么住筒子楼呢?人家有高级职称,你怎么还是助理呢?”这位父亲虽然很有涵养,但最终还是受不了孩子这样的提问而大发雷霆。他认为,儿子怎么能不看实际情况一味地要求父母挣大钱、住好房、有高级职称呢?他也因此悟出道理,对孩子的要求要合情合理,实事求是。

(引自:苏达礼《走出期望孩子的误区》,《家教博览》2000年第8期。有删改。)

常识三

吃饱穿暖并非家长全部责任

——做好亲子陪伴

好的亲子关系就是最好的家庭教育，亲子关系好坏决定家庭教育成败。

——孙云晓

有不少家长认为，让孩子吃饱穿暖就行了，教育孩子是学校的事情，与自己没有多大关系；还有的家长认为，孩子不再是幼儿了，没必要花时间陪伴。也有很多年轻父母以工作忙为由，没有顾及孩子的学习和成长，更没有陪伴。究其原因，主要是没有认识到亲子陪伴的重要性。

相关研究认为，陪伴需要热情与智慧，家长应多安排时间和孩子一起玩；亲子关系中家长和孩子都是主角，要让孩子在成长的关键事件中得到淬炼。

所有家长都应该认真想一想，自己的父母在养育方式上是否或多或少都存在一些不妥之处，自己是否在陪伴孩子成长方面做得不够，对陪伴孩子的方法技巧掌握不足，因陪伴不足而和孩子感情疏远……

思考应该带来认识和行动的改变。家长应从思想上认识到一定不能让孩子重复我们所经历的失败与痛苦，从行动上去学习、去改变，并由此更新育人观念，提升亲子教育能力，掌握更多的陪伴方法和技巧，让亲子关系更加亲密，同孩子一起快乐享受陪伴时光，用陪伴引领着孩子健康成长！

一、没有陪伴就没有成长

(一)好关系是陪伴出来的

情景再现

有孩子在日记中这样记录:“我从来不想爸爸妈妈给我买什么好东西,只希望他们能多陪陪我,我感觉自己很孤独。”“我的快乐和烦恼只有我一个人面对,因为爸爸妈妈都不知道。我希望爸爸妈妈每天都陪我聊聊天说说话。”……

孩子们的心声流露出对父母情感的强烈依赖,流露出对父母陪伴的渴望。

常识透视

1.孩子们渴望陪伴

生活中,很多父母都舍得给孩子花钱,或者为孩子创造更多的物质财富,却不愿意每天抽时间陪伴孩子。他们不知道,孩子的健康成长,父母的陪伴是不能缺席的。

在孩子成长发育时期,孩子特别需要父母的陪伴。他们渴望父母能够陪在自己身边,渴望得到父母的关心。因为在他们心目中,父母才是他们的一切,父母才能让他们的心灵不再孤独。

2. 陪伴让孩子更快乐

对于年幼的孩子来说，最大的幸福不是父母给他买多少玩具，也不是享受各种美味，而是有父母的陪伴和关爱。这是孩子内心最大的渴望和最基本的情感需求，当这种渴望和需求得不到满足时，他们的内心就会变得压抑和封闭，变得不再愿意与人亲近，缺乏阳光与自信。

如果父母每天都抽出时间陪伴孩子，孩子会和父母分享自己的各种事情，尤其是快乐。如果父母陪着孩子并倾听孩子的分享，又能够及时给予指点和鼓励，那么孩子会变得越来越开朗，越来越自信。有位家长说过，生活中最大的快乐之一就是陪伴孩子，用心陪伴，孩子会用快乐感染你。

3. 陪伴让父母成为孩子的朋友

父母希望能够与孩子的关系更加亲密，可以尝试以朋友的身份多和孩子聊天，听听他们的想法，拉近彼此之间的距离，时间长一些，孩子也会乐意敞开心扉和父母交流，把内心的想法和父母分享。

无论多忙，父母每天都要抽出一点儿时间陪孩子做一些事。这样，孩子会从内心里愿意和父母在一起，和谐的亲子关系才能建立。

陪伴孩子是父母每天的必修课，好的亲子关系是陪伴出来的。

经典案例

汪曾祺的父亲是一名画家，他会花大量时间陪伴孩子。坚持陪孩子一起玩耍，对孩子有足够的耐心，能与孩子始终保持朋友般关系。他关心孩子的学业，从不强行说教，而汪曾祺将这种良好的父子关系延续到自己与儿子身上，这样的亲子关系令无数读者和家长大开眼界。做父亲的能尽量保持一点儿童心，与儿女处成朋友一般的关系，或许是亲子关系中一种较高的境界，更多的是一种润物细无声的滋养与熏陶。

（引自：宁十一，等，《亲子教育必读指南》，台海出版社2017年版。有删改。）

（二）陪伴是最好的教育

情景再现

邻居家孩子的父亲长年累月在外务工，因为太想念自己的孩子，于是在没提前告知家人的情况下回到老家，父子相见后场景十分尴尬，让人心酸：院子里，一个瘦小孤单的小男孩独自在地上玩泥巴，身旁的滑板车是他唯一的玩伴。孩子看了一眼父亲，继续低下头摆弄自己的东西。小男孩竟然没有认出自己的父亲，这一幕真的让人感慨。

常识透视

1.亲子关系需要后天培养

亲子关系是孩子最先经历的一种人际关系，是人生的重要一课。如果父母不能和孩子建立良好的亲子关系，对孩子形成健康的人格会产生较大的负面影响，孩子会很难跟其他人建立稳定良好的人际关系。

良好的亲子关系是后天培养的，父母的陪伴可以使孩子对父母产生依赖关系，进而有效解决亲子之间的不和谐问题，拉近父母与孩子的距离。亲子关系需要父母有意识地建立和培养，否则，就无法陪伴孩子健康成长。

2. 亲子关系离不开陪伴

有的父母认为，我给孩子选择了最好的学校、最好的班级、最好的老师，创造了最好的学习条件，家长的职责就尽到了。可是，绝大多数父母却没有意识到，在孩子看来，最好的爱不是物质，而是他们的陪伴。

孩子的成长过程，需要父母的悉心照顾与陪伴。研究表明，在父母陪伴下长大的孩子更聪明、更自信、更有安全感，也比一般的孩子更具活力，各种优良品德也会凝聚在这些孩子身上。

3. 陪伴让心灵产生共鸣

在教育问题上费力不讨好的案例有很多，原因无非就是父母无法跟孩子形成心灵上的共鸣，所以总会出现问题。

如果父母从心里接受孩子，跟孩子建立好情感基础，彼此的相处会变得融洽很多。父母只有在陪伴中跟孩子形成心灵上的共鸣，听取孩子的意见，孩子才会更信任父母、依赖父母。

再忙，你也要陪伴孩子，因为陪伴是最好的教育。

经典案例

一个男孩失恋了，他想到了自杀。他妈妈知道后什么都没说，只是静静地坐到孩子身边。孩子越哭越伤心，妈妈只是让孩子靠着自己的肩膀，抓住孩子的手，任由孩子哭。看孩子哭得差不多了，妈妈看着孩子的眼睛说："无论发生什么事情，妈妈都会陪伴在你身边。"男孩突然间醒悟了，他的世界里还有妈妈，还有很多美好的事情。他突然发现因为失恋就去死是很不值得的事情。

有时候，孩子不需要被说教，他只需要在遇到风雨的时候，身边有支持的力量，有温暖的陪伴就够了。

（引自：戴东《觉醒父母：教育子女的8大智慧》，广东旅游出版社2021年版。有删改。）

（三）亲子陪伴无可替代

情景再现

由于父母外出务工或忙于工作，有的家庭照料孩子的重任就落在了爷爷奶奶、外公外婆身上。老人对待隔代人那真是关怀备至、疼爱有加——热天怕晒着，冷天怕冻着……真是操不完的心。然而，隔代教育，祖辈对孩子的爱把握不好就容易成为溺爱、娇惯、袒护等，同时也容易造成亲子关系间的隔阂。

常识透视

1.隔代教育弊端明显

很多父母把时间都给了工作，对孩子无暇顾及，要不就是把孩子交给老人，要不就是交给保姆，这种现象相当普遍。

一些老人溺爱孩子，任何规矩都不放在眼里，孩子自然变得任性顽劣。老人对孩子包办代替多，孩子独立生活能力差。还有的老人观念陈旧，在教育理念和方法上跟不上时代的步伐……调查证明，隔代教育存在明显的弊端，隔辈人带孩子，成功率不足30%。

2. 角色模仿不可或缺

父母的一言一行都在塑造孩子，父母和孩子的每一次互动，都在影响着孩子。父母陪伴孩子，会提供给孩子很多角色模仿，父母具有的稳重、自信、坚强、宽容、不畏困难等个性品质，孩子都会潜移默化进行模仿。

父母平时的言谈举止、处世态度、待人接物方式等，都对子女有直接的教化作用，孩子在模仿父母言行的过程中，建立了他们的世界观。俗话说："三岁看大，七岁看老。"尤其在孩子成长的早期，父母的榜样示范作用不容小觑。

3. 亲子陪伴无人可替

心理学家认为，10周岁前，孩子对父母的依赖性很强，孩子能从陪伴及亲子互动中获得安全感并诱发良性情绪，形成信任、依恋、依赖、期待等积极情感，学会交往、形成社会适应能力并发展智力。

父母自己直接陪伴孩子的做法，是天下第一合情合理的做法，也是最有益于亲子双方身心健康的做法。所以，父母不能借口工作太忙而忽略了孩子，要学会协调安排，在繁忙的工作中腾出时间陪孩子。

错过了陪伴，既会影响孩子的成长，也会是父母一生的遗憾。

经典案例

7岁的爱迪生上学了。在课堂上，爱迪生经常向老师问这问那，问得老师回答不出来。老师们都不喜欢他，说他是"低能儿"，同学都嘲笑他，后来，老师居然让他妈妈把他领回家。于是，母亲南希干脆在家陪伴爱迪生学习，并时常鼓励他，还和他一起寻找答案。在爱迪生遭遇别人白眼和打击的时候，是母亲长久的陪伴给予了他勇气和力量，成就了他的一生。

（引自：肖悦《父母如何说，孩子才肯听——鼓励是最好的教育》，北京理工大学出版社2010年版。有删改。）

二、陪伴需要热情与智慧

(一)身教重于言传

情景再现

一个小学六年级的孩子,学习成绩不错,平时的表现也还可以,就是总爱说脏话。老师教育他多次,可他总是改不了。原来,他爸爸说脏话习以为常,不知不觉教会了自己的儿子。家里有个"坏榜样",孩子怎么能学好呢?

常识透视

1.培养好孩子,先做好父母

任何一个人从出生到长大,都离不开家庭的教育和影响。父母的言行举止、对子女都起着言传身教、耳濡目染的作用。父母作为孩子效仿的最直接榜样,对孩子的影响是全方位的、立体化的。

父母不经意间的语言、行为,都在不知不觉中影响着孩子,成为孩子们的好榜样或者坏榜样。父母的言行,孩子都看在眼里,记在心里。改变孩子,从审视自己开始。培养好孩子,先做好父母。

2.要求孩子做到的,父母先做到

心理学研究表明,幼儿和少年这两个成长阶段,思维模式是直接的。他们对于听到、看到的事物,还没有很强的分析和分辨能力,基本只会看见了就学,拿过来就用，反复接触过的事物就会由接触转换为接受，成为自己的语言或者行为，这就是模仿。

父母是孩子最好的老师，孩子会主动学习父母的一切。如果父母能够保证自己给孩子输出的都是正能量的教育，那么孩子的成长绝不会误入歧途。孩子身上的优点、美德，一定是父母给的；孩子身上的行为缺陷、不良习惯，父母也一定难辞其咎。

3. 父亲多陪伴，孩子更优秀

日常生活中，不少家庭都是母亲承担教育和陪伴孩子的重任，母亲每天除了应付工作、家务，还要照顾孩子的衣食住行、学习辅导。相对而言，父亲的陪伴和照顾比较稀缺，这是普遍存在于我国家庭教育中的现状。

来自耶鲁大学的研究表明，有父亲陪伴的孩子更加自信勇敢，自控能力会更强，有主见和想法，智商高，在学校里的成绩会更好，走向社会后也更容易成功。

父母以身作则，孩子耳濡目染，会产生“润物细无声”的效果。

经典案例

李苦禅是我国当代著名的国画大师，他经常对儿子李燕说：“人，必先有人格，尔后才能有画格；人无品格，必是下笔无方。”李苦禅说到做到，自己率先垂范。儿子李燕在李苦禅的苦心教育下，也在画坛脱颖而出，成为德才兼备的画坛新秀。

（引自：王峰《父母应知的经典教子故事》，中国华侨出版社2005年版。有删改。）

(二)学会欣赏孩子

情景再现

著名心理学家罗森塔尔先生,曾经在一所高校做过一个实验,这个实验被称为“罗森塔尔效应”。实验过程是这样的,罗森塔尔随意在学校里抽取了18名学生,称他们是“智慧型人才”,然后把这个名单交给了校长。一年后,罗森塔尔回到这个学校,惊讶地发现这18名学生更加开朗活泼,成绩相较于以前也有所提升。

常识透视

1.正确看待孩子的缺点

优秀生之所以优秀,最重要的原因是:父母、老师、亲朋好友持续不断的赏识与鼓励,使孩子自觉或不自觉地增强了信心。

其实,孩子有缺点很正常,只要孩子敢于正视缺点,改正缺点,家长就要给予表扬,这样才能给予孩子继续努力的动力;对于孩子来讲,他们获取前进动力的主要方式,就是父母的肯定和鼓励。

2.好孩子都是夸出来的

一位教育专家说过:“好孩子都是夸出来的,如果孩子生活在鼓励中,他就会充满自信。”这说明,积极的教育态度对孩子的影响很大,就像植物需要阳光一样,每个孩子都需要鼓励,鼓励是培养孩子自信心的有效方法。

兴趣是最好的老师,鼓励是最好的教育。谁能在施教中有效地利用鼓励的力量，谁就是成功的教育者。如果家长经常鼓励孩子，孩子就会信心满满地取得更多更好的成绩。试试夸夸你的孩子吧！

3.捕捉孩子的闪光点

每个孩子都有其闪光的一面，就看家长有没有发现。父母应该细心观察，捕捉孩子身上的闪光点，抓住时机肯定孩子、表扬孩子，让孩子知道自己其实也是很棒的，对自己充满信心，进而达到教育的目的。

相反，很多家长认为，只要孩子学习成绩不好，就一切都不好。这样只会导致孩子变得越来越不自信，亲子关系越来越疏远。

重视孩子的教育，从欣赏孩子开始。

经典案例

爱因斯坦3岁的时候才开口说话，邻居都认为他是个“白痴”，但是父母却没有对儿子失去信心。相反，他们总是会想出各种各样的办法去发展儿子的智力，激发他的潜力。父亲经常对他说：“我觉得你不是一个笨孩子，别人能做到的，你也一定能做到。”正是有了父母的不断鼓励和欣赏，爱因斯坦才振作了起来，最终成为闻名世界的物理学家。

（引自：王峰《父母应知的经典教子故事》，中国华侨出版社2005年版。有删改。）

(三)放低姿态陪伴

情景再现

有些父母在孩子面前总是很严肃,他们认为自己是长辈,不能“没大没小”地与孩子一同嬉戏,更不会蹲下身来和孩子说话,和孩子玩游戏……这样的场景在生活中屡见不鲜。

常识透视

1.不当高高在上的父母

对于绝大部分传统父母来说,他们认为自己应该保持一定的威严。于是,只要和孩子讲话,他们就会板着脸,甚至言辞中还充斥着训诫和命令。因为他们会担心,和孩子嬉皮笑脸会丧失威信,到时候会出现管不住孩子的情况。

于是,这些父母在教育孩子的时候,一直都是居高临下,认为孩子就是应该听父母的,要服从父母的权威。在这样的家庭教育思想影响下,许多孩子会与父母产生距离感,很多事情都不愿意跟父母分享,这对孩子的身心健康发展是极为有害的。

2.蹲下身来,做孩子的朋友

家长跟孩子处在同一个高度,保持视线的同一水平,体现了家长对孩子的尊重,体现了家长对待孩子问题的亲切和认真的态度。这种教育模式能让孩子感受到自己和家长拥有平等地位,孩子更容易接受父母的观点。

所以,父母要摆正与孩子的关系,是朋友关系、伙伴关系,而不是居高临下的

“上下级”关系。多跟孩子互动,多沟通交流,亲子关系会更加亲密。

3.平等沟通,父母更受尊重

父母蹲下身来,放低姿态与孩子平等对话,这是一种很实在、很直观的教育方法,体现了家长的智慧和教育水平,也增进了和孩子的关系,让家长更容易走进孩子的内心世界。

为了孩子,家长要忘掉自己的优秀和身份,无论家长有多大的名气,有多优秀,都不敢确保一定掌握了教育孩子的科学方法。优秀的父母未必能培养出优秀的子女。古往今来,这样的例子很多。

忘掉身份,放低姿态陪伴孩子,你会收获更多。

经典案例

钱锺书先生是一位幽默有趣的人,也是一位亲和力强且富有童真的父亲。他在和女儿相处的过程中,总是能和女儿打成一片。

每天睡觉的时候,钱锺书先生都会在女儿的被窝里埋置“地雷”:大大小小的玩具、镜子、刷子,甚至砚台或大把的毛笔。听到女儿被吓得尖叫,他就会得意地大笑,然后像孩子般地跑开……

正是因为钱锺书先生亲近孩子,融入了孩子的世界,所以他深受孩子的喜欢。孩子并没有因为他不严厉和不严肃而不尊敬他,更不会觉得他没有权威。在女儿心里,父亲就是最伟大的人、最令人尊敬的人。

所以,父母与孩子建立良好的关系并没有那么难。放下架子,不要总想着树立权威,而是轻轻地蹲下来,和孩子成为朋友,那么孩子对你就不会只有畏惧而没有亲近。

(引自:陈文姬《如何给孩子高质量陪伴》,天津人民出版社2020年版。有删改。)

三、有时间就多陪伴孩子

(一)陪孩子一起游戏

情景再现

“爸爸,这次半期考试我进步了,全班第3名,能陪我玩玩游戏吗?”“妈妈,别玩手机了,陪我做一个游戏,好吗?”“爸爸妈妈,这个游戏需要3个人一起玩,陪我玩,可以吗?”……

生活中,这些声音是不是很熟悉呢?

常识透视

1.玩游戏是孩子的天性

孩子都喜欢玩游戏,但有的家长总认为孩子玩游戏是不务正业。其实,爱玩是孩子的天性,若强制他们不玩游戏,可能影响他们身心的发展。孩子不像大人需要工作,他们有大量的时间和精力,玩游戏是他们重要的生活方式。

从儿童发展的研究角度来看,游戏可以说就是儿童的工作,其意义与价值是颇为广泛的。玩游戏是每个孩子都感兴趣的事,所以他们非常渴望有人陪着他们一起玩,父母就是最好的玩伴。

2.亲子游戏益处多多

把游戏引进家庭,倡导亲子游戏的开展,是弥补孩子在家庭内与同龄伙伴交往不足的良好途径。亲子游戏可以改变幼儿家庭教育中成人化、课堂化的现象，改善家庭内的人际关系，形成家庭生活中民主、平等的氛围。

亲子游戏不仅对于帮助孩子学习知识、开发大脑、锻炼和培养孩子的思维能力、促进智力开发大有裨益，而且还能培养孩子的团队精神，改善亲子关系，让父母与孩子的关系更亲近。

3.约法三章玩游戏

孩子玩游戏需要家长的正确引导和参与，要尽可能把一些知识和道理融入游戏中。如：玩“老鹰捉小鸡”的游戏，可以让孩子领悟团结就是力量的道理；玩堆积木的游戏，可以让孩子形成一定的空间概念……

当然，亲子游戏要提前跟孩子定好规矩，教育孩子不能因为贪玩或迷恋游戏而影响学习：每天的学习任务完成后，只能在规定的时间内玩游戏。要通过游戏增强孩子的规则意识。

父母陪孩子玩游戏，就是陪孩子一起成长。

经典案例

晚饭后，妈妈在忙家务，爸爸把平时玩的围棋拿出来，用棋子和孩子一起拼摆图形。比如，围成一个圆圈，围成一个正方形，或者围成一棵树，比比谁围出的图案更有创意。孩子的收获：想不到这么简单的棋子，竟然能变出这么多的花样来。爸爸的收获：原来棋子也能充当玩具，小家伙的想象力还很丰富呢！

（引自：于帆《亲子游戏一起玩》，华东师范大学出版社2016年版。有删改。）

(二)陪孩子一起阅读

情景再现

晚上,孩子在灯下专心致志地阅读,父母既没有看电视,也没有玩手机,而是陪着孩子看书。孩子在做背诵类的作业时,父母会和孩子一起背诵,并且比赛看谁记得更快,背诵也从比较枯燥的作业变成了趣味横生的竞赛。孩子遇到不理解的字词,父母就和孩子一起查阅资料。

常识透视

1.亲子阅读极其重要

当今社会,亲子阅读被越来越多的年轻父母认可,被列为早期教育的重要内容。父母和孩子共读一本书,共享一段宁静时光,孩子会觉得读书是一件快乐的事情。

更重要的是,亲子阅读能给父母创造与孩子沟通和分享的机会,孩子会把阅读感受或有困惑的问题与家长交流。亲子阅读,可以带给孩子欢乐、智慧、希望、勇气和信心,对孩子的成长起着至关重要的作用。

2.为孩子阅读做准备

家长要给孩子营造阅读的氛围,比如把书摆放在随手可取的位置,确保孩子有一个安静的阅读环境等。亲子阅读的时间最好固定在一天的某个时段,比如晚上睡觉前或是午觉后,这样更容易形成习惯,到了那个时间,孩子就会条件反射般地开启阅读之旅。

另外，要把握好亲子阅读的时机。教育专家认为3～6岁是幼儿语言能力发展的关键时期，是培养孩子阅读能力的关键期。这个时期也是孩子接收大量知识，充分认识世界的时候，因此家长要抓住这个关键时期。

3. 养成阅读的好习惯

朱永新教授讲过，阅读习惯的培养是从家庭开始的。亲子阅读，最关键的是父母要以身作则，言传身教，让孩子看到父母在阅读，给孩子树立一个好榜样。

父母不要只看孩子考试的分数，而应该多抽一些时间，陪孩子阅读。孩子善于模仿，父母的示范胜过一遍又一遍的说教。如果父母坚持每天都读一点儿书，慢慢地，读书就会成为父母和孩子生命中的一部分。

陪孩子一起阅读，让阅读成为一种习惯。

经典案例

“国民才女”武亦姝能够在央视《中国诗词大会》第二季总决赛中成为擂主、总冠军，主要得益于家庭教育，其父母在背后默默地付出了巨大的努力。各位家长可以学习武亦姝的父母，尊重孩子选择的诗词爱好，每天回家后关闭电视和手机，以身作则陪孩子阅读，努力为孩子创造阅读的条件。

（引自：关承华《9节课，教你读懂孩子：妙解亲子教育、青春期教育、隔代教育难题》，中国青年出版社2018年版。有删改。）

（三）陪孩子一起聊天

情景再现

放学回家的孩子，兴致勃勃地和家长分享起今天在校园内发生的琐事或趣事，孩子嘴巴停不下来，好像有说不完的话，而且讲得津津有味。家长却并没有专注于孩子的讲述，只是偶尔回应一下“嗯”“哦”“啊”。家长根本没有认真听孩子说话，更别说知道孩子所说的内容了。孩子感受不到家长有诚意的回应，噘着嘴巴露出不满意的表情。

常识透视

1.亲子沟通必不可少

《中华人民共和国家庭教育促进法》明确规定，父母与孩子之间要进行平等交流，要予以尊重、理解和鼓励；父母要相机而教，寓教于日常生活之中。

孩子成长过程中，难免会出现各种问题，孩子出现的每一个问题都是有根源的。想要找到这个根源，家长需要从沟通做起。父母与孩子的有效沟通，是家庭教育成功的起点。

2.沟通讲究技巧

孩子回到家，主动分享学校的见闻，家长倾听时应该体现出对孩子的尊重，要十分专注地听完孩子讲述的校园趣事，或心生感慨，或向孩子提出相关问题，帮助孩子分清善恶美丑，学会明辨是非，树立正确的世界观、人生观、价值观。

家长与孩子沟通，切忌唠叨和责备，而应该耐心地听孩子说出自己内心的想法，并给予孩子一些建议，必要时和孩子一起商量，讨论出最佳方案。这样，孩子才能听得进家长的话，这样的沟通才是务实有效的。

3.拒绝无效沟通

心理学认为，形式主义的亲子沟通，无法满足孩子的内心需求，不能真正达到沟通交流的目的，实则错过了教育孩子的机会。而有效的亲子沟通，重在深度挖掘孩子的内心需求。

亲子陪伴中，父母与孩子坦诚地进行深度交流，是彼此信任、打开心结的好方法。亲子沟通时，只有用心倾听孩子的心声，了解孩子的内心需求，才能捕捉到有效信息，找准教育的切入点，收到最好的沟通效果。

学会和孩子聊天，探索孩子的内心世界，你会了解更多。

经典案例

有一位父亲常对孩子讲："我们是父子也是朋友，我们要像朋友一样互相谅解，互相帮助。"孩子小的时候，父亲就鼓励他对家庭的任何事情说出自己的看法，家里经常组织家庭会议，大家共同讨论关心的问题。由于家庭气氛民主和谐，孩子把父亲当成了最值得信赖的朋友，放学回家，什么事都和父亲聊，从不在心里放着。

（引自：衡孝芬《做以身作则的好父母》，民主与建设出版社2019年版。有删改。）

四、家长和孩子都是主角

（一）实现自我修炼

常识透视

有人说孩子是父母的"复印件"，"复印件"上的信息如果有错，一定是"原件"出了问题。父母和孩子的每一次互动，都在影响着孩子，孩子在观察父母的反应、模仿父母言行的过程中,建立了他们的世界观。父母对孩子的影响之大,超越了人们的想象。

常识透视

1.孩子的问题源于家长

有人说,对于一个家庭来讲,家长是树根,孩子是花朵。如果花朵有问题,多半树根也是有问题的。家长们常常只看到孩子的问题,却看不到其实是他们自己的问题在孩子身上表现出来了而已。

所以,一个好的家长,应把教育的重心由教育孩子放到教育自己上来。当父母把自己教育好了,孩子自然会变好。接受外在教育固然重要,但更重要的是自我学习、自我教育、自我领悟、自我成长。

2.自我修炼从家长开始

人都会在无意中模仿他人。看到别人正在吃美味的食物,我们也会产生食欲。小孩子看到别的小朋友有好玩的玩具,他们也想拥有……这种反应,是人类大脑无意识工作的结果。心理学将这种现象称为"目标感染"。尤其是在家人、朋友等亲密关系之间,更容易发生"目标感染"。

于是,你应该明白了吧,父母把爱学习的姿态展现在孩子面前,孩子受到感染就会模仿父母,久而久之,孩子会潜移默化地养成爱学习的习惯,成绩自然会越来越好。

3.自我修炼要长期坚持

为人父母,是一场永无止境的自我修炼。父母要在孩子面前树立自己的威信,就必须练就真本领。因为父母的一言一行都会影响孩子,父母在教育孩子的同时,也是在教育自己。

自我修炼不是一朝一夕的事,需要家长持之以恒的努力。所以,家长要坚持自我学习和提升。父母的自我修炼,将成为孩子最好的榜样。

家庭教育的本质,是父母的一场自我修行。

经典案例

一颗种子播下去之后会不会正常生长,需要阳光、空气、水和营养等因素的配合,还需要农夫细心栽培。如果自然环境中的各种条件都没有问题,但那颗种子却没有长好,这就是农夫的问题了。

教育孩子也是一样的,如果后天环境都没问题,但是孩子仍然没有健康成长,那就是我们传输给孩子的观念不正确,是我们的观念阻碍了孩子的成长。教育孩子是需要学习、需要“上岗证”的。家长熟悉并掌握一些知识之后,才能去教育孩子。所以,要想培养出卓越的孩子,我们首先要成为卓越的家长。

(引自:林伟贤、廖佑庆《这样牵着你的手——陪孩子成长的5个关键》,北京大学出版社2013年版。有删改。)

(二)学会情绪管理

情景再现

前段时间,经常加班的赵女士在工作上遇到了一些烦恼,心情一直不太好。面对对自己有抵触情绪的女儿,赵女士没有控制住自己的情绪,当着全家人的面,对女儿大吼大叫。赵女士后悔地说:“因为那次吼了女儿,女儿已经一个星期没有和我说话了……”

常识透视

1.发泄情绪于事无补

很多时候，我们遇到问题之后都会发泄情绪，但这对于解决问题却是于事无补。我们的目的其实不应该是发泄自己的情绪，而是找到解决问题的方法。

有的家长在教育孩子的过程中遇到问题会烦恼，甚至苦恼。但烦恼解决不了任何问题，只会制造更多的问题。所以，对于家长来说，面对孩子，保持情绪稳定真的很重要。

2.平和心态看待一切

生活就是一面能照见自己的镜子，自己在生活中是否过得快乐，取决于你对待生活的态度。同样一件事情，你用乐观的眼光去看，那它就是一件好事；如果你用悲观的眼光看它，那它就是一件坏事。所以，家长要用平和的心态看待孩子的变化。

其实，家庭教育并不需要父母有多优秀，父母心态平和、情绪稳定，就能为孩子提供最好的成长环境。不让孩子为家长的坏情绪买单，是为人父母最基本的责任。把好情绪留给孩子，让孩子保持快乐的情绪，会让孩子受益终生。

3.帮助孩子调整情绪

期末考试，语文成绩同样是考了60分，有的孩子会灰心丧气，逐渐丧失了学习兴趣；有的孩子认为这次考试是偶然，自己还有很大的进步空间，因此心态平和，并产生了下次要进步的想法，于是加倍努力地学习。

可见，一件事情发生后，对这件事的不同认知，会让人产生不一样的情绪，最终带来不同的结果。父母要教会孩子控制和管理自己的情绪，最大限度地减少情绪带来的负面影响。

管理好自己的情绪,就能管理好自己的人生。

经典案例

妈妈不在家,6岁的詹姆士想喝牛奶,于是他决定自己去冰箱里拿,结果整罐牛奶都打翻在地上。詹姆士吓坏了,他想妈妈一定会很生气。意外的是,回家后的妈妈看到这些后并没有发火,却说:"好漂亮的牛奶海洋啊!我从来都没有见过。"看到詹姆士的紧张情绪已经缓解,妈妈接着说,"你愿不愿意跟妈妈一起把牛奶打扫干净呢?"接下来,妈妈和詹姆士一起把厨房打扫了一遍。然后,妈妈又把他先前打翻的牛奶罐子装满水,放进冰箱,教詹姆士怎么拿才不会把罐子打翻。

(引自:金文《蹲下来和孩子一起成长:高情商父母必学的心理学》,台海出版社2017年版,有删改。)

(三)化解亲子冲突

情景再现

不少家庭都会不时出现父母与孩子互相抱怨、产生矛盾甚至冲突的现象。孩子要么有抵触情绪,要么和父母发生争执,要么公然反抗父母,有的孩子甚至以绝食来要挟父母……类似的亲子冲突事件,仿佛是没有硝烟的战争,不时在家庭中上演。

常识透视

1.产生亲子冲突的原因

作为有着不同生活经历的两代人，父母与孩子在心智学识、经验经历等方面存在较大差距，在对问题的理解上存在认知偏差。父母可能过于相信自己的经验和判断，没有给孩子解释的机会；孩子则以自我为中心，没有换位思考，没有顾及父母的感受，这些都是产生冲突的原因。

“望子成龙，望女成凤”已成为今天大多数父母的愿望，父母拼尽全力为孩子创造最好的条件，他们把未完成的梦想寄托到孩子身上，希望孩子成为最优秀的人，帮他们实现自己的梦想。父母把这些压力转移给孩子时，丝毫没有考虑孩子的感受，所以难免会发生冲突。

2.正确认识亲子冲突

亲子冲突有3种类型：行为冲突、需求冲突、价值观冲突。每一位父母与不同年龄段的孩子产生的冲突基本上都包含着这3种冲突。亲子冲突是亲子关系中的一个组成部分，是亲子之间最真实的情感反映。孩子在成长过程中，或多或少都会跟父母产生分歧，所以，很多家庭都会产生亲子冲突。

采取正确的方法化解亲子冲突，可以让家庭关系其乐融融、和美如初。反之，如果处理不好这些冲突，就可能让孩子备感压力，产生焦虑、紧张情绪，时间久了，就可能给孩子造成心理障碍，亲子关系也会因此一落千丈。

3.科学应对亲子冲突

教育学专家认为，产生亲子冲突时，需要觉醒的不仅是孩子，更应该是父母。因为孩子抵触的并不是父母，而是父母的教育方式。这就要求父母转变育人观念，改变家庭里不恰当的教育方式。

亲子冲突发生时，父母需要冷静，先处理情绪，再解决问题。要尊重孩子，学会放手，鼓励孩子自己做决定，引导孩子通过科学分析获取正确的判断，或者和孩子共同寻求解决办法，要让孩子感到被尊重和接纳。在孩子面前，我们是教练，不是法官。

父母要做到真正地觉醒，化解冲突才能行之有效。

经典案例

儿童心理学家大卫·沃什(David Wash)通过鼓励和引导纠正儿子布莱恩对抗行为的成功案例，很值得我们借鉴。

布莱恩读四年级时，大卫和儿子又发生了一次不愉快，妻子察觉到他们夫妇有必要调整对孩子的教育方式。那一段时间，布莱恩好像越来越懂得如何激怒他们，仿佛一有机会便要测试他们的底线。每天为了让他帮忙做事、好好说话、控制脾气、对别人有礼貌，亲子间不知要爆发多少次大小战争。大卫和他的妻子逐渐发现两人都陷入了一种模式，就是不断注意布莱恩不好的地方——只看到孩子不乖的一面，忽略了他的很多优点。他们认识到："如果我们和孩子只有负面互动，孩子也会认同那样的他，亲子关系只会日益恶化。"于是，他们决定一起努力，不再只对布莱恩的错误行为有反应，而是去发现布莱恩好的一面，适时称赞他，找机会表达对他的认可与嘉许，哪怕只是小小的鼓励。这个转变成为他们亲子关系的一个转折点，最终大卫和妻子一起帮助布莱恩顺利度过了青春期。

(根据大卫·沃什《如何教养喷火龙》相关内容改编。)

五、关键事件中得到淬炼

(一)生命教育不可或缺

情景再现

一名七年级的孩子在居家学习期间,因为手机使用的问题,与母亲发生了激烈争吵,于是孩子翻越阳台栏杆准备轻生,幸好被及时制止……类似事件,时有发生。

常识透视

1.生命教育刻不容缓

近年来,中小学生草率结束自己的生命或者暴力伤害他人的事件屡屡发生。这些事件表面上看是一种行为问题,深层次看是思想上的问题。从这些现象中,我们看到孩子们的思想非常极端,珍爱生命的意识薄弱,生命教育严重缺失。

作为家长,我们不仅要关注孩子的学习问题,更要关注孩子对待生命的态度,千万不要出现问题后才对孩子进行生命教育,而应该从小进行系统性的教育,在生活中潜移默化地向孩子传达尊重生命、热爱生命、珍惜生命的意识。

2.教育孩子敬畏生命

对于年幼的孩子,家长可以陪他们看一些关于生命教育的绘本,如《爷爷的天使》《弟弟来了》《活出生命的意义》等,帮助和引导孩子初步了解人的生命历程，初步树立正确的生命意识，明白生命的价值，找到人生的意义。

作为家长，我们要从孩子小时候开始，培养孩子珍视生命、热爱生命的品质。告诉孩子，生命只有一次，生命是独一无二的，同时生命又是脆弱的，所以我们不仅要懂得珍惜自己的生命，也要懂得关爱他人的生命、敬畏大自然中的生命。

3.培养孩子的责任感

有的孩子到了大学也会产生轻生的念头，原因是遇事不会处置，缺乏担当，逃避责任。所以家长要培养孩子的责任意识，让孩子感知责任、承担责任，直面问题迎难而上。

父母要培养一个具有高度责任感的孩子，就要引导他做好力所能及的事情。比如做家务、照顾病人、参加社会公益活动等。让孩子走出“以自我为中心”的心理，学会对他人负责、对家庭负责、对社会负责。懂得个人行为绝非自己的私事，而是对他人、对集体、对社会的一种责任，从而培养孩子的社会责任感。

生命是父母给予孩子最好的礼物，每个人都应该活出自己的精彩。

经典案例

曾获得诺贝尔和平奖的哲学家史怀哲被称为“20世纪伟大的精神之父”。他曾讲述过童年的一段经历：一个春天的早晨，他被同学拉去打鸟，但弹弓装上小石头并拉紧之后，他却无法瞄准小鸟，因为有一个神秘的命令来自内心深处：“我面对的是一只活生生的小鸟，它是一个生命，绝不能伤害它！”于是，他扔下弹弓，惊走了鸟儿……史怀哲认为，一切生命，包括动物、植物和那些在普通人看来显得低微的生命都是神圣的。人类应该意识到，任何生命都有其自身的价值，人类应该对所有生命保持尊重。

（引自：陈卫平、沙永玲《说给儿童的伟人历史　史怀哲》，湖南少年儿童出版社2019年版。有删改。）

(二)理性应对孩子早恋

情景再现

王某是重点中学的高一学生,在校期间,他和一名女生谈起了恋爱。学校知道后对他们进行了严厉批评,并停了他们的课,两个家庭的父母也对他们不断训斥。结果,这两个被学校和家庭同时排斥的孩子又聚到了一起,他们同居并生下了小孩子。后来,没有生活来源的王某就上街抢钱、抢手机。很快,他被公安机关拘留了……

常识透视

1.正确认识早恋

青春期,孩子对异性会产生好奇心理,并对异性逐渐产生好感,日常生活和影视作品里一些情侣的亲密情节,都会对孩子的心理产生一些影响。

其实,每个人都会经历这一阶段。早恋是孩子成长过程中的关键事件,甚至是孩子不可缺少的必修课。父母要转变“早恋就是洪水猛兽”的错误观念,正确理解这是孩子在相应年龄段出现的正常心理需求。父母要在孩子进入青春期时,利用亲子陪伴的时光引导孩子正确认识早恋。

2.科学应对早恋

在孩子早恋这一问题上,大多数父母会感到抓狂,使用各种手段“全面出击”,力图将其扼杀在萌芽之时,却收效甚微。

父母要鼓励孩子多参加集体活动,开展体育锻炼,分散自己的注意力。同时要尊重孩子，给予孩子更好的劝说和指导，要让孩子认识到早恋的利弊，帮助孩子权衡早恋的得失，让孩子的感情朝着正确的方向发展。

3.从不轻言放弃

“早恋的王某被拘留”是一个较为极端的个案，深刻暴露了我们教育上的缺陷。如果这两个年轻人受过良好的性教育，相信他们至少会采取避孕措施。如果学校和家庭不是拒绝而是接纳孩子，这两个年轻人就不会在外同居生子。

孩子早恋，父母的态度至关重要。

经典案例

卓洛正处在青春期，但她跟父母的关系依然非常融洽，没有矛盾和不悦。“妈妈，最近班上传言，有些同学在谈恋爱，这个问题你是怎么看的啊?”卓洛问妈妈对这件事的看法。

“在青春期，男生女生的关系好，很正常，同学之间走得近也不一定是在恋爱，也许只是好奇。”妈妈分析得很客观。

“那谈恋爱一定会影响成绩吗?”卓洛问得很直白。

“这个不一定，”爸爸接话了，“但一定会分心。像你们这个年纪的孩子，有时很难分清什么是真正的爱。如果一味沉溺其中，必然会分心，对学习肯定会有影响的。”

“哦，本来我挺疑惑的，听你们这么一分析，我有种豁然开朗的感觉，我感觉还是跟男同学正常交往比较好。”在交谈中，卓洛做出了正确的选择。

（引自：蒙谨《陪伴是最好的教养》，文化发展出版社2020年版。有删改。）

(三)有效缓解考试焦虑

情景再现

成绩还算优秀的小虹进入高三后,仿佛变了一个人,情绪低落,经常会偷偷掉眼泪。每次模拟考试,她都会烦躁不安,出现行为异常,后来甚至出现了神经衰弱、夜不能寐的现象。很短的时间内,小虹的成绩从原来的班级前十名降到倒数几名,父母非常着急,带她去医院看心理门诊,检测出患有严重的考试焦虑症。

常识透视

1. 考试焦虑的危害

对于大多数孩子来讲,面对考试都会有一些紧张,这种紧张可以使学生处于警觉状态,对提高考试成绩是有帮助的。如果焦虑程度超过孩子的承受能力,就会给孩子的身心健康带来不利影响,导致孩子思绪紊乱,注意力无法集中,反应不敏锐,思路不清晰,对所学知识的回忆过程受阻,再加上心跳加快、出汗等生理症状,孩子就会患上“考试焦虑症”。

“考试焦虑症”如果转化成为慢性焦虑,会导致孩子不能发挥正常的认知功能,同时情绪变得不稳定,自制力下降,社会适应能力下降,会对孩子的身心健康造成严重的负面影响。

2. 考试焦虑产生的原因

最关键的一点是孩子本人信心不足,或者对于自己期望过高、认识并不充分,没有给自己很好的预期,没有对自己进行很好的衡量,所以容易产生考试焦虑。

其次是家长对孩子的教育期望过高，以至于很多家长比考生还要紧张，父母的紧张传递给了孩子，无形中给了孩子压力。还有的家长临考时想方设法关心孩子的备考情况，千叮咛万嘱咐，让孩子产生考不好会对不起家长的自责心理。

3.有效控制考试焦虑

如果孩子表现出明显的考试焦虑，家长可以让孩子有规律地进行一些体育活动，帮助孩子缓解精神紧张，为他们提供释放压力和“重启”自身系统的机会。同时要保证孩子有充足的睡眠，每天应保证9~10小时的睡眠时间。如有必要，可以让心理健康咨询师及时对孩子进行疏导。

另外，家长要用积极的语言引导孩子：“你一直在坚持，很努力，我很感动。”“我们努力过了，就不留遗憾了。”……面对考试，如果父母和孩子都能泰然处之，孩子在考场上就会多一分胜算。

家长理性对待考试，孩子才能发挥最好的水平。

经典案例

从上学开始，奥尼尔就对考试有种莫名的恐惧。不要说真的走进考场，即便听到“考试”这两个字，他也会立刻变得焦虑不安。可想而知，他每一次的考试成绩都很不好，因为他将大部分的时间和精力都耗费在了焦虑上。

在心理教师的疏导下，奥尼尔意识到自己的考试成绩已经到了最低谷，无论他再怎么担心，他的成绩都不会比现在更差，可以说，他所有的担心都不过是无谓之举罢了。认识到这一点之后，奥尼尔改变了对考试的态度，既然他已经没有什么好怕的，那么何必再去害怕呢？抛开了害怕，奥尼尔的心境变得平和，这也让他的成绩得到了稳步提升。

对于身处焦虑的孩子而言，担心事情变糟是他们常有的心态，不妨让他们去试想最糟的结果，一旦他们认识到最糟的结果不过如此，不会对他们造成多大的威胁，他们就不会再那么担心，焦虑也会随之减少甚至消失。

（引自：周一凡《儿童焦虑心理学》，四川科学技术出版社2018年版。有删改。）

常识四

拔苗助长的伤害远大于想象

——尊重成长规律

以为无益而舍之者，不耘苗者也，助之长者，揠苗者也。

——孟子《揠苗助长》

人生是一本书，从生的序曲到死的结语，从孕育期胚胎的成形到老年期生命的消逝，每一页都很丰富，每个篇章都很精彩，但未必每个人都能真正读懂。在养育孩子的过程中，家长们会有很多困惑。其实，世间万物皆有规律，孩子的成长更是如此。

孩子的教育要融入四季，就跟小树苗的成长一样，要经历春夏秋冬——春天的发芽，夏季的雨露滋润，秋天的饱满硕果，冬日里父母的温暖。这种“三分教育，七分等待”的基本教育原理，就是在告诫父母：每个孩子都是一粒种子，只不过每个人的花期不同。有的花，一开始就灿烂绽放；有的花，需要漫长的等待。相信孩子，静待花开！无论哪个阶段的家庭教育，都应尊重儿童的成长规律和个性特点，才能够收到良好的教育效果。

研究认为，家长可以从“聆听生命拔节的声音”“不容错过的关键期”“每个孩子都是金子”“手眼脑协调需要练习”“有成长就会有烦恼”5个方面把握孩子成长的轨迹，从“看见孩子”到“理解孩子”，最终成为更好的家长。

一、聆听生命拔节的声音

(一)孩子成长的几个阶梯

情景再现

明明进入小学后变化很大。一年级时,他喜欢玩文具,带出去的文具回家时总是缺胳膊少腿。明明说他把铅笔拆开是想看看笔头处的橡皮擦是怎么回事。自己的拆完了不过瘾,他还会拆同桌的。三年级的明明经常和同学打架,特别爱向父母告状,责怪同学。五年级时,明明喜欢打扮了,不再听从妈妈的着装安排,学校统一校服着装时,他总是偷偷把自己喜爱的衣服穿在里面,逮着机会就把校服脱掉。明明的妈妈很纳闷,自己好像越来越不懂孩子了。

常识透视

孩子的成长过程,大致可以分为5个阶段,这5个阶段分别是什么?每个阶段该采取怎样的教育方式呢?具体如下。

1.婴儿期(0~1.5岁)

这一阶段的孩子完全以自我为中心,根据自己的感受判断对错。因此,对于婴儿期的孩子,了解他们不同行为表现所反馈的需求,采用让孩子感到快乐的方式进行教育，孩子就会欣然接受。

2. 幼儿期（1.5~3岁）

这个阶段的孩子开始出现规则意识，而这一规则，则来自孩子日常观察后，对大人的效仿。所以这一阶段，孩子需要父母告诉他哪些事情可以做，哪些不能为，父母也要规范自己的言行，帮助孩子树立正确的规则意识。

3. 学龄前期（3~6岁）

这个阶段的孩子已经初步形成了自我管理的能力，会简单打理内务，如自己穿袜子等。此时大人不要吝惜口中的赞美，让赞美的花朵芬芳孩子成长的过程。

4. 学龄期（6~10岁）

这个阶段，孩子有了是非观念，而他们判断对错的标准不仅来源于师长的教诲，还来自自己内心的评判。作为家长，需要重视孩子的主体地位，通过营造适合孩子成长的环境与氛围，让孩子成为一个爱自己、爱家人、爱生活和爱祖国的人。

5. 青少年时期（10~18岁）

这个阶段，孩子渴望自己成为受欢迎的那一个，也会容易受到同伴对比的压力和同伴价值观的影响。此时，父母不再是权威者，而应该是一个陪练，一个咨询者，最好是知心朋友，善倾听，勤引导，不专横，帮助孩子在人生的大海中把握方向。

经典案例

丰子恺的家庭教育非常成功，三子四女皆学有所成，在各自领域成就斐然。

很多人都很好奇丰子恺的教育秘诀。

丰子恺的教育秘诀就是,从来都不为子女筹划人生,孩子愿意怎么长就怎么长,喜欢学什么就学什么,他从不干涉。丰子恺认为,每个孩子都是一颗独特的星星,拥有不同的特质,父母应该顺其自然,在陪伴的过程中观察发现,因势利导。

(引自:李德志《丰子恺的家教秘诀》,《健康生活》2020年第10期。有删改。)

(二)每个孩子都有独特的成长方式

情景再现

两位妈妈在电梯里交谈——

甲:“我都愁死了,一个男孩子整天唱唱跳跳,写写画画的,将来能有什么出息呀?”

乙:“那也比我家的强,我家孩子的心态比我都好,考几分都无所谓,真是一点儿上进心都没有。”

常识透视

每个孩子都是独一无二的,他们的成长过程,有时和父母的期望不一致,甚至南辕北辙。因为他们有自己独特的天赋、潜质,也有自己独特的需要。而这些特质,是由遗传基因、生理发育、认知特点、脾气秉性甚至生活环境等诸多因素组合而成的。孩子之间的差异是客观存在的,因此不同的孩子在成长方式上也存在差异。

1.个人身体素质

每个人的体质是遗传因素和环境因素的综合体现。站在医学的角度分析可知，每个幼儿的体表形态，主要包括体格、体型、体重、毛发、舌象、脉象等，这些体征会依据不同的遗传基因表现出差异。

2.性别差异

有研究人员发现，男孩天生对声音的敏感度比女孩低，所以他们常常发出刺耳的尖叫声，可自己从不嫌烦。而女孩的思维发育相对男孩而言早熟，因此在她们两三岁的时候，对于性别已经有了一定的认知，因此在行为举止上也会表现出与男孩的不同。

3.家庭环境差异

孩子的家庭成长背景差异很大。例如，有的孩子的家庭有一定的文化底蕴，因此他在学习能力以及行为习惯上会成为众人的焦点；有的孩子由于父母长期在外打拼，缺少父母的陪伴，导致缺乏安全感，从而表现出一定的攻击性行为。每个孩子成长的家庭背景不同，自然会形成不同的人生际遇。

由此可见，孩子的成长就像是一场未知的旅行，他们的心中也有旅行的目的地，他们有权利选择去哪儿，也有权利选择到达目的地的方式，他们可以坐火车去、乘轮船去，或者搭飞机去。父母能做的就是尽可能给孩子以支持。

经典案例

汉代张仲景从小随伯父张伯祖学医，看见了太多生命被病魔折磨的困苦例子，所以自小就立志要救死扶伤。张伯祖为了让张仲景可以在自己喜欢的领域快乐成长，将生平所知倾囊相授。张仲景在伯父的鼓励下，一心致力于医学研究，最终不仅医术步入精妙之境，独创的医学理论也上升到一个新的高度，被誉为“众法之宗、群方之祖、医门之圣”。

（引自：尤克勤《医圣张仲景的学医故事》，《家长》2005年第5期。有删改。）

（三）孩子最难爬的那几级阶梯

情景再现

马上要出门了，妈妈正忙着给2岁的孩子搭配衣服。可是衣服拿到跟前，孩子却噘着小嘴：“我不穿衣服。”妈妈说：“那先去洗漱吧。”“我不洗脸。”“那我们先吃早饭吧。”“我才不想吃早饭呢。”……最近一段时间，一向比较好带的孩子，总是在不停地说“不”，好像无论妈妈怎么做都不能满足他的愿望。

常识透视

孩子的成长要经历3个叛逆期，犹如跨越3座大山。

1.第一个叛逆期：可怕的2岁

老人们常说：“一岁两岁惹人爱，三岁四岁逗人踹。”当孩子步入2岁后，我们突然发现，那个乖巧、可爱的孩子变得执拗、暴躁、脾气大，甚至是不可理喻。如果此时家长手里有事正忙，或者心情不愉快，孩子就会受到呵斥、打压，甚至免不了一顿皮肉之苦。在这一时期，家长需引领孩子成长，要有足够的耐心，为孩子指引正确的方向。

2. 第二个叛逆期：三年级滑坡

第二个叛逆期是7~9岁。孩子进入学校2年后，原本陌生的学校环境变得熟悉，很多孩子变成了“老油条”。这个时期，家长不管是放任自流，还是严苛管理，都会对孩子造成不好的影响，甚至会导致孩子越来越讨厌学习。这一时期，家长要善于激发孩子的学习兴趣，培养其良好的学习习惯，才能让其身心健康成长。

3. 第三个叛逆期：青春期

青春期一般是12~15岁。青春期是孩子最叛逆、反抗性最强、自我意识最强烈的阶段。面对青春期的孩子，父母要换位思考，站在孩子的角度思考孩子的成长，关注孩子的内心变化。这个时期，父母要做孩子的知心朋友，以朋友的方式和孩子相处，凡事多商量，多问问孩子的想法，多用孩子能接受的方式处理问题。在可控的范围，家长让孩子学会自主，能够让孩子获得成就感，增强自信心。

经典案例

青春期的孩子好奇心重，吸烟也是满足好奇心的方式之一。一位父亲发现儿子的手指上有烟熏的痕迹，经过再三追问才知道，儿子与一个社会小“烟民”交上了朋友。虽然父亲多次讲解吸烟的危害，甚至“动武”要他与小“烟民”保持距离，可儿子仍然我行我素。后来，父亲向儿子在医院工作的舅舅说起了这件事。舅舅带外甥参观了医院的呼吸科病房，从窗外看着病人不断咳嗽、呼吸困难的样子，外甥顿感惊诧与恐惧。舅舅只告诉他一句话：“这些人患病基本上都是吸烟引起的。”从此，儿子慢慢戒掉了烟瘾，并且再也不与小“烟民”来往了。

（引自：马利琴《叛逆期孩子的正面管教》，中华工商联合出版社2019年版。有删改。）

二、不容错过的关键期

(一)神奇的敏感期行为

情景再现

为了开启美好的小学生活，一年级的新生家长在送孩子上学前，往往会为孩子精心准备好文具，不仅会将孩子的书本、用具清晰分类，还都标注了姓名，一切是那么井然有序。然而，一天结束，孩子回到家，家长帮助孩子再次整理书包时发现：书本乱七八糟，水杯盖子不知道是哪家小朋友的，橡皮擦不翼而飞或者满身坑洞。家长百思不得其解，孩子为什么会这样？

常识透视

孩子的成长发展，就跟稻子一个样，也有自己的“敏感期”，只有抓住了这个时期，孩子才能得到最好的发展。

1. 认识敏感期

儿童敏感期是指：由于儿童在这一阶段智力、秩序感、节奏感、行走、观察力等方面的发育特征，产生的一段对环境、秩序、感官、动作、社会规范等一系列的敏感情况，这一时期被称为儿童敏感期。在敏感期阶段，儿童接受某种刺激的能力是异乎寻常的，儿童对某种事物的特殊感受将一直持续到这种感受需求完全得到满足为止。敏感期在儿童学习说话和走路时体现得最明显，如果父母意识到这种敏感期的存在，他们就能适时地从各方面促进儿童成长。

2. 溯源孩子行为的原因

0~10岁，是孩子的黄金发育时期。如果每个阶段不同的敏感期没有得到认识并适度发展，这一阶段的孩子就特别容易出现一些不良行为。倘若这些不良行为没有得到及时纠正，那么孩子会在性格、情绪和行为等方面出现异常表现，甚至会出现“病态性格”等心理问题。

经典案例

颜之推非常重视儿童的早期教育，主张家庭教育应及早进行。颜之推用亲身经历来论证自己的观点：他7岁诵读的《灵光殿赋》直到老年都不曾遗忘。而20岁之后读的书，1个月不去复习，便不记得了。因此，家长应及早对幼儿进行教育，在幼儿尚无是非观念时，用孝、仁、礼、义来教育他，这样，小时候养成的良好行为习惯就会成为孩子的终生宝贵财富。

（引自：陈柯竹《颜之推家庭教育思想对现代家庭教育的启示》，《家庭科技》2022年第6期。有删改。）

（二）不可忽视的九大敏感期

情景再现

我们很多人并不缺乏获得书籍的机会，却并无阅读的习惯甚至阅读的能力。我们常常会发现，一个从小爱读书的孩子，长大后也会继续热爱阅读，但要让一个没有阅读习惯的成人喜欢读书，则非常困难。

常识透视

蒙台梭利认为，孩子的敏感期大致可以分为以下9种。

1.语言敏感期(0~6岁)

目前主流观点认为，语言敏感期高峰阶段在3～6岁之间，这个阶段，儿童语言能力会有突飞猛进的发展。3岁以后，儿童的语言交流明显增多，语法使用逐渐成熟；6岁左右，儿童的词汇量和语法使用已经接近成年人水平。

2.秩序敏感期(2~4岁)

孩子进入2岁以后，想法层出不穷，尤其对事物的秩序有强烈的需求，要求所有物体的摆放和生活习惯必须按照一定的顺序，一点儿都不能变，这预示着孩子秩序敏感期的来临。

3.感官敏感期(0~6岁)

感官敏感期是孩子敏感期中持续时间最长的一个时期，需要父母用极大的耐心去引导，才能帮助孩子顺利地度过。因此，在孩子的感官敏感期，我们可以顺从孩子的天性，尽量为孩子创造适合的环境。

4.对细微事物感兴趣的敏感期(1.5~4岁)

对细微事物感兴趣的敏感期一般发生在1岁以后，会一直持续到4岁左右。这个时期的孩子往往对身边的小事物充满兴趣，常常能捕捉到身边细微事物的奥秘。具体表现为：喜欢捡拾或收藏细小的物体，观察不起眼的事物，如蚂蚁洞、正在织网的蜘蛛等。

5. 动作敏感期(0~6岁)

孩子的动作敏感期主要包括2个领域,一个是身体方面,如:走路的敏感期是在1~2岁;另一个是手的动作,这个敏感期是在1.5岁。

6. 社会规范敏感期(2.5~6岁)

社会规范敏感期是幼儿在2.5~6岁的时段。这个时期的孩子从以自我为中心,依赖父母,到逐渐学会结交朋友,喜欢参与群体活动。幼儿为了获得同伴的青睐,会修正自己不恰当或粗暴的行为,使与人交往成为可能。

7. 书写敏感期(3.5~4.5岁)

在孩子3岁半左右,父母也许会发现,孩子突然很喜欢拿着笔涂涂画画,甚至“假装”在写什么,这就说明他已经进入书写敏感期了。研究表明,孩子的书写敏感期在3.5~4.5岁之间。

8. 阅读敏感期(4.5~5.5岁)

所谓阅读敏感期,是指孩子对看书产生浓厚兴趣的时期,一般紧随书写敏感期,在孩子4.5~5.5岁之间出现。

9. 文化敏感期(6~9岁)

文化敏感期在孩子6~9岁出现。孩子属于人类环境的产物,人类用自己的智慧创造了环境,文化产品是对智慧的表达和记录,儿童在文化敏感期会对文化产品特别入迷。

以上不同的敏感期,在孩子年龄上也存在着交叉。孩子身处各种敏感期,其认知过程的无意性质是压倒性的。因此作为家长,需要根据孩子的发展特点给予恰当的帮助和引导。

经典案例

涂涂上了幼儿园后，晚上睡觉前总喜欢自己铺床。一天晚上，涂涂和往常一样上床睡觉，妈妈趁机收拾整理客厅，突然听到涂涂“哇哇”地大哭起来，眼泪顺着小脸蛋吧嗒吧嗒地流下来。妈妈走近一看，原来上床睡觉时，爸爸已经铺好了床，涂涂却一遍一遍不停地重新铺着枕巾，哪怕稍微有一点儿折痕都要重新来过。总算整理好了枕巾，又开始整理被子了，他不停地爬上爬下，四个角一个也不能少，如此折腾了十几次。针对涂涂当天的表现，假如爸爸妈妈都不懂得这是3~4岁孩子追求完美的敏感期，是孩子发展过程中正常的心理特征，胡乱进行干预，那就会造成不一样的后果，甚至会影响孩子今后的发展。由于父母都懂，所以涂涂在爸爸妈妈的陪伴下顺利度过了敏感期。

（三）错过敏感期的教育要点

情景再现

成长过程中，有些孩子存在着性格偏执，比如行为过分胆怯、退缩、孤独等显著问题。在课堂上，当老师生气地指出有小朋友不好好吃饭，不会自己穿衣服，午休时大吵大闹时，有的孩子便会不由自主地以为老师是在批评自己，于是随着老师的语气越来越重，他们的小脑袋也会越低越沉。

常识透视

播种行动，收获习惯；播种习惯，收获性格；播种性格，收获命运。

事实上，身处敏感期的孩子，其性格养成在很大程度上是受父母的行为影响的。特别是在外工作的父母，要经常和孩子沟通交流，除了关心孩子的生活、身体、学习，还要注意和孩子的情感、心理沟通，让孩子时刻感受到被父母关心的幸福。而作为父母和老师，则有责任为孩子创造一个充满爱的成长环境。这不仅有助于减少孩子的紧张和焦虑，还可以促进孩子在知识、能力、情感、态度等多方面的发展。

因此，及早发现孩子在不同敏感期的心理问题，加强敏感期的重点教育，并及时进行有效的干预，以防问题变得日益严重，就显得尤为重要。

孩子的敏感期一旦过去，就不会再显现出对同一事物特别的兴趣。但是家长可以根据后续的教育，继续帮助孩子提高各个方面的素养。

1.给孩子营造一个充满爱的环境，这样孩子无论处在哪个敏感期都会很有安全感，也可自行平稳地度过敏感期。

2.给予孩子相应的尊重，这样孩子的自我意识会得到很好的发展，同时这也是对孩子良好品德养成的一种有效教育方式。

3.给孩子身心自由。降低学业给孩子带来的压力和紧迫感，给孩子一定的身心自由，不仅不会耽误孩子的学业，反而有利于孩子思维的发展，更好地吸收知识，提升能力。

经典案例

金溪县有个小孩叫方仲永，5岁时就可以写诗。他的诗以赡养父母、团结族人为主旨，受到全乡秀才的赞赏。当时，只要人们指定事物，他就能立刻作诗，诗的文采和诗的道理都有值得欣赏的地方，其父母倍感自豪。可是由于其父母只看见了眼前儿子聪慧，并未对其天赋进行培养，等他到十二三岁时，写出来的诗已经非常普通了。又过了7年，王安石问起方仲永的情况，人们说："方仲永已经完全如同常人了。"

王安石说，方仲永的通晓、领悟能力是天赋。他的才能是上天赋予的，远胜过其他有才能的人。但最终成为一个平凡的人，是因为他后天没有接受教育，错过了发展自己才智的最佳时机。

三、每个孩子都是金子

(一)接纳，走向成熟的助推

情景再现

有一位妈妈因为工作繁忙，每当她看见孩子坐在餐桌前“慢吞吞”地吃早餐，心里就着急得不行，一直在纠结要不要催孩子。

一天，天刚蒙蒙亮，她看见家里的猫咪走到碗边吃猫粮，心想：猫咪真乖，吃饭吃得真快！突然，她的心里咯噔一下，意识到她对猫的态度非常宽容，而对孩子却很苛刻。

于是，她开始反思自己：孩子其实很累很辛苦，自己为什么不能对他包容一点儿？说到底，是自己没办法接纳内心的焦虑，导致焦虑的情绪投射到孩子身上，阻碍了对孩子的接纳。

常识透视

钱志亮教授指出：“不带任何评判地接受孩子的真实现状，了解孩子在不同成长阶段的特点，理解孩子的感受、想法和行为。”“爱孩子是本能，但接纳孩子则必须通过后天的学习获得，接纳需要宽广胸怀的包容和共情同理心的智慧。”

1. 要接纳孩子的情绪

情绪感受没有对错，我们要允许孩子有负面情绪，允许孩子及时表达伤心难过，甚至愤怒。这时最有效的方法，是接纳他的情绪，允许负面情绪伴随孩子一段时间后，再进行疏导或改变。

2. 要接纳孩子的不同

孩子是一个独立的个体，他们有自己的喜怒哀乐，想让孩子听你的话，首先要站在孩子的立场上去理解他们。当你面对一个充满负面情绪的孩子，最重要的不是马上改变他的情绪，让他开心起来，而是换位思考，想想如果你是孩子，这时候可能会是什么感受，以同理心对待他的情绪。

3. 要接纳孩子的不足

每一个孩子都有自己的不足之处。聪明的父母，都懂得接纳孩子的不足，包容他们的缺点，保持平和的态度，让孩子有一个自我成长的时间，这样孩子长大之后，才不会总是自我怀疑和否定，他们会接受自己，从而更加自信。

经典案例

玲玲感觉统合能力失调，一年级时不会跳绳，做操时动作慢半拍。妈妈并没有因此而焦虑或心急，而是接纳并鼓励孩子。每个周末，妈妈都会陪她到小区练习，1个月过去了，2个月过去了，直到学期期末，女儿突然间学会了跳绳，最多时一口气跳了88下。

(二)尊重,独当一面的引领

情景再现

在日常的家庭中这些场景并不陌生:

“你要好好读书,将来考个好大学。”

“你要去上补习班,不爱上也得上,没商量!”

“这个漫画有什么好看的?收起来。”

“好了好了,什么时间还没到,我说时间到了就到了。”

“哎呀,我工作太忙,忘了带你出去玩。”

孩子几乎一言不发默默接受,长大一点儿就将自己锁在房间里,拒绝和父母沟通。

因为,在此之前,家长没有给予孩子必要的尊重。

常识透视

清华大学心理学教授通过对上百个个体成长经历的研究发现,绝大多数心理不够健全的人,小时候接受的教育都“缺乏尊重”。因为得不到尊重,他们的心中没有阳光,会自卑,也会自我否定。所以说,尊重具有无穷的力量。

1.尊重孩子,将孩子看成一个独立的个体

孩子是一个独立的个体,他有权利像我们成年人一样做出决定。我们在培养孩子独立能力的时候,需要从日常生活中的小事做起。

2.尊重孩子,爱护他们善良美好的心灵

我们不要总以为孩子年幼无知,忽略了对孩子应有的尊重。3~5岁的孩子

已经具备了一些基本的生活能力，比如洗脸、洗手这种小事就不需要父母的帮助。我们只有真正地放手，才能提高孩子的独立生活能力，使孩子变得有主见，懂得辨别是非。

3. 尊重孩子，支持孩子的决定

一部分家长认为，孩子的选择在大多数时候都是错误的，当然这主要是因为孩子的年龄小。但孩子本身是具有独立选择和试错权利的，我们应该尊重孩子做出的自我选择，进而更有效地培养孩子的辨别能力。

经典案例

2020年高考，湖南耒阳女孩钟芳蓉在湖南省文科排名第4，却报考了北京大学考古专业。新闻一经报道，便引起了全民大讨论。很多网友认为钟芳蓉的选择不合适。然而，钟芳蓉依然坚定地选择自己的爱好。她敢于坚持自我、忠于自我的很大一部分原因在于她的家庭。在钟芳蓉的成长过程中，父母一直很尊重她的意愿。就连高考填写志愿时，父母也充分尊重她的意愿。她父亲说："她对钱的问题看得比较轻，我也认为孩子做自己喜欢的事情会更开心。"她母亲说："她有权利去追求她自己的梦想。"

（引自：王莉《尊重孩子是家庭教育的前提》，《今日教育》2021年第3期。有删改。）

（三）赏识，挖掘天赋的催化剂

情景再现

这样的话，不知道大家是否很熟悉？

“90分？你看你们班，那么多95分以上的！”

“给你花这个钱，根本就是浪费！”

“别有一点儿小成就，就高兴得不得了！”

“你还去追星？你长这个样子，明星可能都不愿意多看你一眼哦！”

“你可别得意，人家××可是每次都比你考得好！”

有的父母认为，打压式教育可以激发孩子的斗志和抗挫能力，于是一直忘记了赏识自己的孩子。

常识透视

渴望被赏识是人类的一种心理需要。赏识能够让孩子收获自信，对于日后的成长有很大的帮助。但是，我们需要知道的是，赏识教育并不是简单地鼓励和赞扬，而是需要我们用心去体会的。

1.赏识行动结果

当孩子选择某种事物的时候，他的喜好和偏爱得到满足，会产生持久的愉悦感。在这种情况下，我们赏识孩子的选择，会强化孩子的行为，让孩子获得更大的心理支持。

2.赏识行动过程

这和赏识行动结果有着异曲同工之妙。从孩子做出反应的那一刻起，我们可以通过赏识来激发他的内在潜力和奋发的精神。

3.赏识创作结果

没有种不好的地，只有不会耕种的农民。孩子的创作亦是如此。孩子都有一颗创作的心，这个时候我们的赏识能够给他们带来无限的能量。

4. 适当提醒

父母在孩子的成长历程中，应该充当一个引路人的角色。让孩子的创作在自由发挥的同时，防止孩子走偏，父母的及时提醒非常必要。但是，赏识和溺爱是有着本质区别的，我们不能混淆。

经典案例

提到“赏识教育”，就不得不说到周弘。周弘是南京的一位普通工人，面对双耳全聋的残疾女儿周婷婷，他没有灰心丧气，也没有就此放松对孩子的教育，而是用心培养。2001年周婷婷进入聋人大学攻读硕士、博士学位，并在2002年成为海内外有影响力的杰出女性之一。周弘认为，教育成功的秘诀是家长的心态，家长要从心灵深处无条件地相信孩子“行”！他坚信对孩子就是要赞扬、肯定、夸奖，无端批评和否定是孩子成长的“杀手”。对孩子要竖起大拇指，说“你能行”“你真棒”，甚至要“无中生有”，他反复说“每个孩子都是天才，都是大师！”“好孩子是夸出来的！”，并称这样的教育方式为“赏识教育”。周弘的这一观念在教育界引起了很大的反响，并得到了许多学者的支持，甚至有人宣称“赏识教育是一种崭新的教育理念”。周弘也因此被称为“赏识教育”的创始人。

（引自：田玉琼、丁范凡《家庭赏识教育研究》，《文学教育》2014年第12期。有删改。）

四、手眼脑协调需要练习

(一)视动统合能力弱的孩子的常见表现

情景再现

你有没有发现,孩子上课时注意力总是不集中,特别容易分心?你有没有遇见过孩子在课堂上喜欢随意离座,影响其他同学学习?你有没有观察到部分孩子总爱趴在课桌上,坐姿歪歪扭扭?

你还有没有发现,孩子做数学题时总是粗心大意,孩子上语文课时常常乱涂乱画,孩子抄单词的速度总是太慢,孩子参加体育锻炼时稍不注意就绊倒?

如果你的孩子存在以上问题的话,请不要着急对他们加以责骂,先耐心了解以下内容,说不定这会给你今后教导孩子带来新的启发。

常识透视

很多家长都会向老师问孩子“写作业慢、爱走神、协调性不好”的情况。其实,这些情况跟孩子手、眼、脑的协调能力有很大的关系。

1.什么是手眼脑协调

所谓的手眼脑协调能力,从神经学的角度来说,是指人体透过视力看见物体,进而在大脑皮层中产生行为意识,并借助感觉中枢加以执行的过程。而这一系列的行为方式,是需要由大脑与肢体协调配合,完成整个活动。故而“手眼脑协调”,其实就是人们通常说的“手眼协调”。

2. 手眼脑协调才能发出恰当指令

以喝水为例。我们的大脑首先要通过眼睛(视觉)看到杯子的形状、颜色、大小以及与周边环境的关系;其次还要通过前庭系统(主控平衡)与本体觉,知道水杯与自己的距离和位置空间关系;最后再通过手部触觉、口部触觉等相关部位的皮层,感受水的温度,综合这些信息后,大脑再发出适当的指令。

由此可见,只有大脑和手、眼紧密协调配合,才能指挥个体的肢体做出恰当的动作。而视动统合能力弱的孩子,因为协调配合能力还需要进一步发展,所以就造成了上述各种令家长困惑的表现。

经典案例

齐齐,7岁,是个喜欢藏在妈妈身后的小男孩,学习成绩不好,不喜欢阅读,写字总是错行,妈妈非常苦恼,于是带齐齐去进行了评估。评估发现,齐齐的感统能力发展不良。从那以后,妈妈天天陪着齐齐练习"转眼",玩"找不同",玩扑克牌、击飞球。3个月后,齐齐的情况得到了很大改善。

(二)造成手眼脑协调程度低的因素

情景再现

当我们在家里想找一个杯子时,我们首先会用眼睛去扫视周边环境,看到杯子后,我们会判断自己的身体位置与杯子之间的空间距离,然后走过去,一边注视杯子,一边用手拿起杯子。这个拿起杯子的过程就反映了手和眼之间的协调作用。而如何提升手和眼之间的协调能力,使孩子在成长过程中具备较强的视动统合能力,则成了当下不少学者的课题。

常识透视

1.手、眼、脑三合一

人体大脑、手、眼三者之间相互协调、环环相扣、缺一不可。大脑就如同一名指挥家,而手与眼则是演奏不同乐器的表演者。一场精彩的合奏表演,不仅需要指挥家大脑有条不紊地对手、眼两名乐手进行精准的指挥,同时手、眼两名乐手也需要积极配合大脑发出的命令,迅速执行。因此,如何协调彼此的关系,首先就是需要对造成手眼脑协调程度低的因素加以分析,找到问题的缘由,才能有的放矢,有针对性地改进。

2.视动统合练起来

有研究指出,手眼脑协调是一种需要我们的手和眼同时使用的活动能力,大脑利用我们眼睛感知的信息(视觉空间感知)来指导我们的手执行特定的动作。

有学者认为,手眼脑协调是一种复杂的认知能力,因为它要求我们将视觉和运动技能结合起来,让我们的眼睛接受视觉刺激来引导手。手眼协调出现的问题,有的是天生的基因决定的,有的则是孩子在成长中常年缺少锻炼而形成的。因此,为了让儿童正常发育、健康成长,加强手眼协调的训练尤为重要。

经典案例

步步一年级时,做作业的时候常常把字的部首颠倒或写错,经常将字写出格子,不管老师怎么纠正都改不过来。经过测评得知,这是视动统合能力不足造成的。因此爸爸妈妈每天陪步步在家里玩折纸、抛球游戏,陪他到小区打乒乓、打羽毛球,逐步提高了他的手眼协调能力。二年级的时候,步步笔下的字宝宝终于能住进“家”里了,做作业的速度也提高了。

(三)提升手眼脑协调能力的办法

情景再现

我们在日常生活中,所做的大多数活动都需要一定程度的手眼脑协调,例如写字、开车、打球、跑步、开锁等等,这就是我们要确保具备良好的手眼脑协调能力的原因。此外,在我们读书看报时,或是跑步运动时,也会使用视觉信息来纠正或调整不适合某种情况的行为,这也是这种认知技能如此重要的原因之一。因此,找到一套提升手眼脑协调能力的好办法尤为重要。

常识透视

1.加强手眼之间的信息交换

眼睛和手部运动系统之间的信息交换是双向的:执行手部运动可以改善眼球运动,手眼协调运动有助于提升视觉功能。眼球运动可以优化手部运动,反过来,眼球运动的改善也可能是手部同时运动的结果。

2.提升手眼脑协调的3项运动

加强眼球运动,最为可取的一种合作方式,就是通过不断训练眼部功能,并通过色彩的刺激以及行为动作的阶段性训练,借由视觉刺激结合本体前庭的身体控制,来起到辅助视觉,支持手部和身体运动的作用。目前较为常见的,有以下3种。

(1)击球运动:在打网球和壁球的过程中,眼睛需要盯着球,大脑命令手臂去抓。球是有一定速度的,所以大脑要指挥眼睛盯着球,在球飞到身体侧面位置时控制手臂用球拍击打。

(2)游泳:游泳时手臂经常在视线之外,大脑无法直接接收手臂的视觉信号,需要想象、计算和调整手臂的位置。手臂在水中会遇到比平时更强的阻力,这也对大脑的反应能力提出了挑战。

(3)太极:太极是一种缓慢而流畅的武术套路。运动时需要深呼吸,在身体姿势变化的同时不断调整重心,可以提高身体的反射、平衡、力量和柔韧性。

经典案例

牛牛7岁了,盛汤时总是将汤洒到桌子上,夹菜时总是不灵活。通过测评发现,这是因为孩子的手眼脑协调能力不好。于是,爸爸妈妈开启了牛牛倒水训练。爸爸妈妈每天都准备好各种型号、不同大小的水杯,陪牛牛一起进行倒水比赛:在指定的时间内,谁用杯子装满水后倒进大盆子的水多,谁就获胜。通过训练,牛牛的手眼脑协调能力明显提升。

五、有成长就会有烦恼

(一)烦恼来自被忽视的性教育

情景再现

“妈妈,我从哪里来?”

“妈妈的胸部为什么比爸爸的大?”

“避孕套是用来做什么用的?”

“男孩子为什么站着尿尿?”

…………

常识透视

多年来,性教育如同一朵羞答答的玫瑰,难以欣然开放,成为未成年人教育中的一块“短板”。多数父母在面对孩子的这些“尴尬”问题时,多半会避而言它。

1.羞于开口型

大部分父母虽然认同性教育,但是从来没跟孩子聊过这些问题,也不知道怎么聊,难以启齿。这是家长对性的保守态度所导致的。越是羞于开口,就越容易让孩子从其他一些途径中获取对性知识的片面甚至错误的认识。

2.无所谓型

有些家长觉得自己小时候从来没有接受过性教育,也没出什么问题。其实大家忽略了今天的信息传播非常发达,孩子能接收到和性相关的信息非常便捷。这些可能会让孩子形成性早熟。

3.担心学坏型

有的家长会有这样的错误认知,认为越早让孩子知道“性事”,孩子就越容易“学坏”,殊不知半懂不懂,会让孩子更加好奇去尝试。与其遮遮掩掩还不如直言教育。

4.甩手掌柜型

这部分家长认为性教育是学校老师负责的,家长让孩子吃好穿好就行了。

经典案例

胡老师的孩子根儿4岁的时候，有一段时间总是偷偷地看妈妈的胸部。

胡老师试探性地问："为什么一直偷看妈妈呀？"

儿子立即回应："妈妈，你这里为什么比爸爸的大？这是什么呀？"

"这是乳房。"胡老师很紧张，但仍然保持着平静。

"乳房是用来做什么的？"

"乳房里装的是妈妈的奶，你刚生下来的时候只能喝妈妈的奶。"胡老师急中生智地回答道。

"爸爸怎么没有乳房呢？"

"因为爸爸不用喂宝宝奶呀。"

"我想看一看里面还有没有牛奶。"孩子以为所有的奶都是牛奶。

"早就没有了，被你小时候吃完了呀！"

在这个年龄阶段，当孩子对妈妈的乳房感兴趣时，妈妈要做好充分的准备后，坦然回答孩子关于乳房的各种问题，满足孩子的好奇心。

（引自：胡萍《善解童贞1:0～6岁孩子的性发展与性关怀》，江苏凤凰科学技术出版社2016年版。有删改。）

(二)性教育是人格成长的教育

情景再现

"性"是什么呢？"性"是不雅？是污秽？是下流？我曾看到过这样一个事例：有一个初中生在一次性教育课上提问"性是什么？"，而孩子们给出的答案几乎都是和性爱活动有关的内容，可能很多父母也是这样理解的吧！这样的误解直接影响到了孩子性价值观和性审美观的建立。

常识透视

把“性”字拆开看看，它是怎样构成的呢？

“忄”，代表心，与情感和心理相关；“生”，代表生命、身体、生理等。即，性的健康，密切关系着身体、情感和心理的健康。只有弄清了什么是“性”，我们才能真正明白“性”教育该从何入手！

“性”有4个层面：

1.“性”是性别

我们出生的时候，身体就带着基因所决定的生理性别。婴儿一出生，医生会告诉妈妈，恭喜你生了一个男孩，或者恭喜你生了一个女孩。这就是我们的性别。

2.“性”是生命

人类生命的繁衍离不开性。因为性，精子和卵子结合，人类的生命才有了传承。

3.“性”是爱情当中一个非常重要的元素

两个独立的个体相知相爱，性在其中都起了非常重要的作用。

4.“性”是隐私

这个隐私受到国家法律的保护，任何人都不可以侵犯他人的性隐私。

“性教育”也同样对应4个层面：性别教育、爱与生命的教育、情感与责任的教育、道德与法治的教育。而孩子的性健康，即孩子的身体、心理和情感的健康，需要家长掌握孩子的性发展规律，呵护好孩子的每个发展阶段。只有这样，当孩子在性发展过程中出现了问题和困惑的时候，父母才能坦然面对，做好引领。总之，性教育的本质就是人格教育，家长要帮助孩子从人格层面来理解“性”。

经典案例

妈妈下班回家，看见欢欢撩起上衣，正在给洋娃娃“喂奶”。

“你现在还小，不会有乳汁，要在你长大后，有了孩子之后才会有乳汁。正因为有妈妈乳汁的哺育，你才能健康成长。所以，你要保护好自己……”

家长适时地加以引导和教育，帮助女儿认识乳房的功能，让她懂得自我保护的重要性，向她描述喂养的幸福和艰辛，这样不仅可以让孩子体会到生命的可贵、母爱的伟大，还可以让孩子体会到身为女性的自豪感。

（三）保护孩子免遭性侵害

情景再现

几个小朋友玩追逐游戏，5岁的小玲满头大汗，于是习惯性地扬起裙子扇风，丝毫没有意识到这样会有把小裤暴露在外的风险。

常识透视

性侵害是一个人有意地在违反他人意愿的情况下强迫他人与其发生与性有关的行为，包括强奸、性接触、性虐待、性暴露或展示色情内容等。性侵害可能发生在所有年龄、性别、种族、文化、群体之中。我们需要保护儿童免遭性侵害，尤其是女童。

从孩子出生起，父母就应该在日常生活中尊重和保护孩子的隐私，这样，孩子自我保护的心理力量自然能够一步步建构起来。

1. 让孩子从小自己手洗内裤

内裤是保护隐私的贴身物件，内裤上会有隐私、小秘密，让孩子自己手洗内裤就是在让孩子建构保护自己隐私的能力。

2. 无论孩子多大，都不要让孩子随地大小便

如果让孩子随地大小便，就等于在告诉孩子——你的屁股是可以当街暴露给他人看的。

3. 与孩子分床、分房间睡觉

每个孩子都是独立的个体，每个孩子都有自己的隐私，这个隐私也包括了性隐私。每个孩子都需要有单独的空间来存放自己的隐私物品。

4. 孩子洗完澡后的保护性习惯

要让孩子穿好衣服或者裹好浴巾才能出来，不能光溜溜地就跑出浴室等。这些家庭教育的细节，都是父母在培养孩子保护自己隐私、尊重自己隐私的能力。

5. 建构孩子对隐私界限的心理定式

当一个孩子的隐私在家庭中得到父母、家人的尊重后，在孩子的心理上就能建构起对身体、隐私的界限：我的父母都不可以随便来看我的隐私、不会轻易侵犯我的界限，其他人自然也是不可以的。这样，孩子在面对他人性侵犯的时候，自然就能自觉地保护自己。

经典案例

有一个11岁的女生小娟,每周都要独自坐车去县城上学。有一次,车上人多拥挤,她站在车上,双手抓住车上的一根杆子,她感觉有一个人的手突然搭在了她的手背上,扭头一看是旁边的一个中年男子的手。她当即大声对这个男子呵斥:"你干吗?"中年男子见状迅速离开了。

一个初一的学生有勇气当面呵斥、吓退别人实施进一步侵害的勇气,很大原因是她的父母从小就尊重她的身体和隐私界限,同时告诉她任何人都不能侵犯她的界限。她在家里受到人与人之间的界限教育和防止性侵害教育,掌握了保护自己的知识和能力。

常识五

走出力不从心的家庭教育困境

——正确运用方法

大抵童子之情，乐嬉游而惮拘检，如草木之始萌芽，舒畅之则条达，摧挠之则衰痿。

——明·王守仁

社会不断进步，经济不断发展，生活水平不断改善，中国家庭在孩子教育上的投入也越来越大。不仅是经济付出，还有大量时间和精力。但与付出形成反差的是，中国家长普遍存在付出了却没有得到相应理解的教育焦虑情绪：孩子埋怨家长给自己增添了太多本不该有的负担，学校说家长该还孩子一个快乐的童年，社会指责家长望子成龙、望女成凤过于心切……似乎所有的问题都是家长引起的，但家长不明白，自己付出了这么多，到底哪里做错了？

其实，过度关注孩子成长的家长通常会特别累，孩子的一举一动始终影响着他的心情，甚至一整天没有心思做其他事情，更有甚者丝毫没有自己支配的时间和空间！为什么呢？由于社会竞争激烈和教育资源的有限性，家长们往往感到压力很大，担心自己的孩子跟不上潮流或被淘汰。这种焦虑情绪不自觉地使自己变成了一个“负能量”场，每天一点点把消极的情绪意念传给了孩子，其结果就是孩子的负担更重了、信心更低了，使得家庭教育更加功利化和竞争化，家庭教育的成效也越来越低。

一、孩子就是我们的影子

(一)孩子不是复刻品

情景再现

“当年一分之差没有考上大学,这是我人生最大的遗憾。儿子,你将来可一定要上清华,爸爸可都指望你了。”家长想要的,未必就是孩子想要的,家长的心愿未必就是孩子的心愿。

为什么要拿孩子的童年去填补家长自己内心的“坑洞”?

常识透视

1.“复刻”的错误之处

家长固执地按照自己的想法为孩子规划人生,却忽略了孩子是一个独立的生命体,有自己的兴趣、爱好和选择。“我走的路比你过的桥还多”“我吃的盐比你吃的饭还多”……抱着这些想法的家长,很明显只把孩子当成了自己人生的继续,压根就没想让孩子有不同的想法与追求,更不用说允许他们走与父母截然不同的道路。有的家长费尽心思为孩子设计好人生的每一步,上什么样的幼儿园,考什么样的大学,选什么样的专业,他们认为这是为孩子好,是爱孩子。但是,他们忽略了孩子在成长过程中也会觉醒,孩子需要做自己人生的主人。

2.给孩子选择的机会

(1)孩子喜欢做的事,父母不要轻易阻拦

如果孩子的言行恰当、适宜,父母就要给孩子自由选择的权利,让孩子去做自己喜欢做的事。这样,孩子在满足自我需求的同时,也会感受到父母的信任。比如,4岁的孩子要求自己洗袜子,父母完全可以放手,并且愉快地答应孩子;7岁的孩子要求做一次晚饭,父母就给他一次机会,帮助孩子准备晚饭的材料,并关注他的安全就行了。长此以往,孩子就有一种"我很能干"的意识,从而建立起良好的行为模式。

(2)给孩子权利,让他自己去选择

很多家长担心孩子会做出错误的选择,所以从来不给孩子选择的机会和权利。这样的孩子长大后必将难以适应社会生活。

父母应该主动给孩子选择的权利,如果不放心,那么只需给孩子提供必要的选项,然后帮其分析各种可能就行了。这样做可以教育孩子通过自己的选择体验,来学会承担责任。当孩子能感受到肩上的责任,自然会更加专注于生活和学习。

经典案例

我的一位女性朋友对我抱怨,说她读高中的女儿小蕊总是喜欢穿些花花绿绿的T恤和看起来破破烂烂的牛仔裤,这让她很不理解。

过了几天,这位朋友给我打电话,说她听了我的建议去了小蕊的学校,到了学校,她发现现在的孩子还真是穿成什么样的都有。她回到家,心平气和地对小蕊说:"虽然我还是不能理解你和你的同学为什么喜欢把自己打扮成这副样子,但是我想我确实对你的穿着反应过度了些。以后你想穿什么就穿什么,我不会再过问了。"小蕊有些不敢相信:"真的吗? 真是太好了! 您没骗我吧?""当然是真的，不过，我还有一个条件，那就是和我一起出门的时候你要穿得像样点儿。”她解释说。小蕊爽快地说：“就按您说的办，咱们一言为定！”不必要的家庭冲突终于得以避免。

（引自：高瑾《好妈妈胜过好老师亲子手记》，江苏凤凰美术出版社2017年版。有删改。）

（二）给孩子树榜样

情景再现

在幼儿园有一个非常有意思的现象：孩子的衣着和精气神都和他们的父母神似。有的父母衣着极为朴素，孩子的衣着也同样简单；有的父母蓬头垢面，孩子常常灰头土脸。更神奇的是，有的父母神态中透着一股自信、乐观，孩子的小脸上也挂着自在的微笑；有的父母一脸愁苦，孩子同样眉头紧锁……

常识透视

1.什么是榜样示范

榜样示范是指以榜样人物的高尚思想、模范行为、卓越成就等影响受教育者的思想、感情和行为的一种德育方法。榜样可使道德准则及行为规范具体化、形象化、人格化，因而具有极大的感染力、吸引力、鼓动力，为历代教育家所重视。

2.榜样作用机理

在每个人的大脑中，有种东西叫“镜像神经元”。“镜像”，就是镜面成像的意思。镜像神经元就是与之相类似的一种脑细胞，它能让人通过模仿来学习。

镜像神经元的功能对孩子来说尤为重要。孩子一出生,就从模仿中开始学习。父母是孩子最亲近的人,父母的一举一动,孩子都从神经元的反射中内化到自身,就好像父母的一言一行就是在为孩子未来的行为谱写编码。

另外,习惯的模仿也是镜像神经元的重要功能。所以我们不难发现,行动力差的父母很难培养出行动力强的孩子;暴躁的父母很难培养出温和的孩子;不爱看书的父母很难让孩子爱上阅读;不爱交际的父母很难培养出外向型的孩子。

3.怎样做好榜样

(1)榜样必须真实可信

任何榜样都不可能尽善尽美。父母要客观地、全面地展示自己。家长做错事是难免的,但是错了以后一定要敢于承认错误,千万不能遮遮掩掩。

(2)榜样必须具有高尚的思想品德

只有这样,孩子才能比较客观地找到让自己心悦诚服的榜样。

(3)榜样必须自律

父母这个榜样不能用一种凌驾于孩子之上的力量来规范孩子、约束孩子,同时必须对自身有严格的约束,以身作则。

经典案例

从前,有一对夫妇对年迈的父母很不孝顺,把老人撵到破旧的小屋居住,每顿饭用小木碗送一点儿吃剩的汤菜。

一天,男孩对父母说:“我用木头刻木碗,给你们老了的时候用。”夫妇俩听后羞愧难当,急忙把父母请回正屋一起居住,扔掉了小木碗,把最好吃的食物给老人吃。从此一家三代和睦相处。

(引自:尹莲英《把孝敬的种子播洒在幼儿的心中》,《成功(教育版)》2013年第24期。有删改。)

二、沟通比强制更好

(一)和孩子加强沟通

情景再现

母亲心疼孩子的食欲差,不吃饭,去给女儿买最爱吃的鸡排,回来后却在楼下对着睡在二楼的女儿大声喊:“鸡排买回来了,要吃自己下来吃!”孩子听了很不高兴,对着母亲大吼道:“不想吃了!”对抗的情绪瞬间爆发。

常识透视

1.语言沟通是家庭成员共同生活的需要

家庭是家庭成员的生活共同体,各成员之间的沟通必不可少。作为生活的场所,家为家庭成员提供赖以生存的环境,孩子通过与父母交流,了解父母所需和父母对自己的期望;父母之间通过交流,达成家庭协议,维持家庭生活的平稳运行。学校教育尚未出现时,家族中的长者对年幼者实施道德教育和生活技能教育,在此阶段,家庭成员之间的交流沟通成为代际知识传递的桥梁。家庭教育是由家庭的长者对年幼者实施的、促进其身心发生变化的教育和影响的总和,父辈的经验传递是通过交流沟通来实现的。

2.沟通是化解家庭成员矛盾的基础

在家庭教育中,存在着不同教育者之间的矛盾和教育者与受教育者之间的矛盾,这是由于不同教育者在同一时刻扮演了教育者的角色,教育者自持观点的差异造成了其在对受教育者实施教育时的矛盾;由于教育者与受教育者在成长经历、生活阅历和思想观念等方面存在差异,教育者的期望与受教育者的主观愿望不一致,形成了双方之间的矛盾。无论是不同教育者之间的矛盾还是教育者与受教育者之间的矛盾,都需要进行以理解为基础的沟通来化解。同时,有效的沟通能够将教育内容融入日常家庭生活之中,让受教育者在不知不觉中受到教育影响。

3.沟通是提升家庭凝聚力的有效途径

家庭成员在利益关系上具有高度一致性,因此,良好的沟通能让家庭成员和睦相处、团结互助,从而提升家庭凝聚力。和谐的家庭氛围才能调动成员努力建设美好家庭的积极性,受教育者才会自觉地信服教育者,愿意为实现家庭期望而付出努力,从而推动家庭的良好发展。

4.有效沟通的方式

(1)倾听和尊重

当我们与孩子交谈时,要真正地倾听他们所说的话,并表现出尊重。可以在交谈过程中点头或者使用肢体语言来表明我们正在认真地倾听。此外,还可以使用肯定性语言,如"我明白你的感受",来表示我们尊重他的意见。

(2)表达自己的想法和感受

在与孩子沟通中,我们要坦诚地表达自己的想法和感受,把孩子当成朋友。当孩子在遇到困难或挑战时,可以鼓励孩子主动参与解决问题的过程,而不是给予答案,这样能够培养他们的自信心和责任感,逐渐建立起更深的沟通关系。

(3)控制好情绪

沟通中,我们要时刻关注彼此的情绪和反应。孩子可能会情绪激动,言行过激,如果我们试图责怪或强制教育,只会引起他们的反感和抵触。相反,我们应该冷静下来,采用温和、理性的态度,提出大家关注的问题,并征求孩子的意见和建议,寻求共同解决之道。

经典案例

有一次,儿子拿了一盒牙签玩,玩完了随手就扔到一边儿去了。妻子看到后很生气,命令儿子把牙签归回原位。儿子一动不动。面对这种尴尬的局面,我马上想到孩子同样需要激励和尊重,我灵机一动,说:“儿子,以后你做我们家的小管家吧,牙签你保管。以后我们要用时就找你要,好吗?”他一下子来了精神,带着神圣的使命很快整理起牙签来。

还有一次,儿子与妻子不知为何事僵持住,两人都很生气。我轻轻地走过去,什么都没说,把儿子揽在怀里,儿子委屈得呜呜大哭起来。我对他说,男子汉大丈夫,流血不流泪,有话好好说。然后他絮絮叨叨地说着他和妈妈之间发生的事。看他平静下来,我冷静地评判了他俩的对与错,儿子使劲地点头。通过这件事,我认为我与孩子的沟通关系得到了进一步的改善。

(引自:王德海《传播与沟通教程》,中国农业大学出版社2007年版。有删改。)

(二)善于倾听

情景再现

很多家长发现,孩子进入中学后,和家里人的交流明显变少了。有孩子甚至把自己的房间变成“家长禁区”,手机更是不允许家长了解的“秘密领地”。家长主动跟孩子交流,他们会变得很不耐烦:“讲些什么啊? 听都听不懂。”“你说的这些我不想听。"这样的话语会形成家长和孩子交流的心理屏障，这也是叛逆期孩子与家长产生矛盾的常见现象。

常识透视

1. 为什么要倾听孩子的心声

孩子并不懂得多么深奥的语言表达，也不懂得完美的遣词造句，更不懂得用语言抒情……他们所能做的，大概就是将自己的内心完完全全地用自己的行动表达出来。孩子的每一个"非正常"表现背后一定有一个正当理由。他们可能是在宣泄精神或身体创伤所引起的负面情绪，也可能是在用"非正常"的方式引起父母的注意。这个时候，父母坐下来倾听孩子的心声，则是对孩子最好的关注和支持。所以，当我们见到孩子做出某些我们不能理解的事情的时候，我们就需要想办法倾听孩子的心声，了解孩子想表达的本意，从他们的言行中知晓他们的需求，从而给予他们支持，帮助他们成长。

2. 倾听的方式

(1)不要轻易打断孩子

在孩子倾诉的同时，我们可以表达自己的观点，但是不要无缘无故打断孩子的表达；对话时注视孩子，与孩子保持目光接触，不要东张西望。倾听的最佳时间是你和孩子独处时，这样更容易让孩子敞开心扉。

(2)学会分析辨别

孩子说的话，有时候信息量很大，这时候家长要学会分析辨别，不能妄下定论，同时应该从不同途径进行印证。如果孩子讲述对某一件事的看法，家长首先应该鼓励孩子尽量表达，尊重他的观点，然后再阐述自己的意见，让孩子看到不同的视角。

(3)要俯下身倾听

孩子在叛逆期非常独特,独立意识和自我意识日益增强,迫切希望摆脱成人(尤其是父母)的监护。在这个阶段尤其要注意俯下身去倾听孩子的声音,进行零距离的对话交流,做他们贴心的教育陪伴者和“心灵知音”,引导好孩子。不能以成人的观念去衡量孩子的对错,更不能粗暴地否定或打击孩子,而应该在“心灵的碰撞”中找到症结,对症下药。

经典案例

早晨,我心急火燎,因为驾校安排我明天参加考试,今天有考前集训。可是,儿子并不急,慢腾腾地起床后,把牙刷咬在嘴里,站在玩具架前玩玩具。我气坏了,大声喊他的名字,并狠狠打了他屁股一巴掌。儿子被我突如其来的举动吓坏了,傻傻地站在那儿,眼里充满了恐惧,手里还拿着没拼好的磁力棒。等我批评完,儿子怯怯地说:“妈妈,我想拼一个太阳花,你对着太阳花许愿,明天考试就一定会通过。”我愣住了,一把把他拥在怀中,说不出话来。

工作和生活的压力常常让我身心疲惫、浮躁焦虑,难免迁怒于儿子。可我的“小蜗牛”却用他的爱把我浮躁的心熨平了。

(引自:周梅林《学前儿童社会教育活动指导》,复旦大学出版社2016年版。有删改。)

(三)不应强制且粗暴地对待孩子

情景再现

在“望子成龙”“望女成凤”的心态驱使下,一些家长会给孩子很多强制的

“爱”。比如:周末给孩子安排一整天的课程,压得孩子喘不过气来;孩子稍有退步便会大发雷霆,甚至动用家庭暴力,孩子眼中满是怨恨与不满。

常识透视

1.不要训斥打骂孩子

当孩子犯了错误或做出一些令父母难以接受的行为时,有些父母一时过于激动,控制不了自己的情绪,不听孩子的解释,就对孩子进行粗暴的打骂。的确,孩子在父母的威逼压制下,或许会表现得听话、服从,但这样的形式会随着孩子年龄的增长,使父母逐渐无法控制局面。训斥打骂还会让孩子受到惊吓,影响孩子稳定的情绪和心理发育。

2.反省自己

孩子是不可能不犯错误的,但也不可能永远是错的。随着孩子年龄的增长,他们在不断学习中,会拥有自己的观点和看法。父母不能把孩子当成成人,以成人的标准来要求孩子。当发现孩子犯了错时,父母要保持冷静,先反省一下自己是否有教育方面的问题;如果是孩子的问题,应该以分析问题、讲清楚问题的后果等方法来让孩子认识自己的错误,有时批评也是必要的。

3.冷静分析

在和孩子交谈的过程中,孩子的意见和自己有差异时,千万不要失去控制大吼大叫,应该冷静地分析产生差异的原因。要支持孩子正确的意见和想法,要在商讨的气氛中帮孩子分析错误想法的根源,从而说服孩子,不然会使孩子形成沉默寡言的孤僻性格。所以,父母要注意控制自己的情绪,从孩子的角度看待孩子的观点和看法,对孩子多些理解,帮助孩子更好地完善他的观念和行为。

经典案例

我是一个比较温和的人，但在儿子的教育问题上我却非常严格。我之所以会这样做，是因为我知道一味纵容只会使一个很好的孩子变成一块不可雕琢的朽木。不过我的严格绝不是强迫孩子盲从于我，一个只会盲从的人永远是无能的懦夫。我对儿子的严格都是有依据和道理的。

我在孩子的教育问题上，注重严格和专制的区别，专制或苛求必然会对孩子造成伤害。如果注重讲道理，以理服人，那么无论什么样的情境下孩子都会乐于接受。

我比较尊重孩子，在不伤害孩子自尊心的前提下，给孩子讲一些他能够理解的道理。

我坚决反对在别人面前贬低孩子。我绝不会当着众人的面嘲笑和奚落做了错事的孩子。我时刻都让儿子感到“爸爸是因为真心实意地关心我、爱护我，才严格教育我的”。每当我告诉他必须做一件事时，我都会向他说明做这件事的必要性，告诉他这是他分内之事，应该自觉完成，而不是由我来强迫。

（引自：[德]卡尔·威特《卡尔·威特的教育》，解青，译，吉林大学出版社2014年版。有删改。）

三、习惯来自不断强化

(一)避免强化坏习惯

情景再现

当你要外出时,孩子也吵着要跟去,哭哭啼啼,甚至在地上打滚撒泼,弄脏了自己最喜欢的衣服,等等,无所不用其极。无可奈何之下,为了让孩子停止吵闹哭泣,你可能会同意他的要求,又或者给他找了他喜欢的零食、玩具来取悦他,并许诺回来给他买礼物,等等。

我们简单地只想终止他的哭闹,却从没有想过我们的举动无意中鼓励了孩子以哭闹来达到目的的行为,日久天长,下一次孩子想达到什么目的而无法达成时,他首先想到的办法就是哭闹,而不是好好说。

常识透视

1.习惯的形成

心理学认为,习惯的形成是由于一定的刺激情景与个体的某些动作在大脑皮质上形成了相对稳固的神经联系,也就是条件反射的连锁系统。在过去已经建立好联系了,只要触动了它,一套自动化的系统就会迅速启动。于是,当个体在同样的刺激情景作用之下,条件反射的连锁系统就会自动启动,环环相扣,自然而然地发生连锁动作。

2.怎样避免养成坏习惯

一旦孩子的坏习惯得到强化固化，或者说好习惯被弱化、不被强化，那么在后期就很难予以纠正，怎样避免呢？

（1）从细节做起

细节无小事，我们应从孩子的一言一行抓起，从小事着手，让孩子明白哪些行为习惯是可以发扬的，哪些行为习惯是必须摒弃的。当孩子有不良的习惯时，必须帮孩子改正，同时要以鼓励提醒为主，切忌打骂斥责；要对孩子进行正面引导，动之以情，晓之以理，循循善诱；在孩子改掉坏习惯的同时，也要把好的习惯渗透到孩子的生活中，让孩子养成良好的生活习惯和学习习惯。

（2）从自身做起

培养孩子良好的习惯，父母要从自身做起。以身作则，做好榜样示范作用。如果父母没有好习惯，如不讲卫生、花钱无计划、随意讲脏话、做事不认真等，孩子就会看在眼里，记在心里，时间长了，耳濡目染，也会形成一样的不良习惯。

经典案例

小杰从小就不爱读书，却非常喜欢看电视。为此，小杰经常无法完成老师布置的阅读任务。妈妈听从了教育专家的建议，开展全家总动员，在家里开展亲子阅读活动。每个周六的晚上，从6点到9点的3个小时，就是雷打不动的亲子阅读时光。一开始，小杰还不愿意捧起书，后来发现在阅读时光里，爸爸不再打游戏，妈妈不再用淘宝购物，小杰只好关掉电视，和爸爸妈妈一起读书。后来，小杰渐渐爱上阅读，爸爸妈妈也感受到了久违的书香，全家人一致同意再增加一个晚上作为亲子阅读时光。

（引自：徐苑琳《正面管教的技巧》，中国纺织出版社有限公司2020年版。有删改。）

(二)注重强化好习惯

情景再现

在幼儿园,老师会教育孩子讲礼貌,见到谁都要打招呼,如“老师好”“阿姨好”。回到家,很多家长也不停地嘱咐孩子要讲礼貌,这样通过社会的正向强化循环,不断鼓励、肯定、表扬孩子,那么讲礼貌的品质就会变成孩子的文化基因。通过这些“老师好”“婆婆好”,还会引发孩子更多优良品质的养成,比如排队讲礼貌、过路讲礼貌等。

常识透视

1.强化物的选择

我们要通过强化的手段,以及不失时机地奖励和肯定,固化孩子好的行为习惯。在孩子的成长过程中,奖励和肯定孩子需要一些物品,以刺激孩子再次表现好的言行。这样的物品在心理学上就称为强化物。强化物可以是实物,也可以是虚拟的代币,而且不同年龄的孩子感兴趣的东西不一样,所以强化物的种类要多。那么怎么选择强化物呢?父母要根据孩子的喜欢程度,以及孩子表现好习惯的程度进行合理选择。

常用于幼儿的正强化物有5类。第一类:消费类强化物,有糖果、巧克力、饼干、汉堡、饮料等一次性消费物品。第二类:活动性强化物,有看电视、过生日、郊游等活动。第三类:操弄性强化物,有涂颜料、跳绳、游戏等。第四类:拥有性强化物,指在一段时间内孩子可拥有享受的东西,如穿自己喜欢的衣服,有属于自己的小红旗、玩具等“私有财产”。第五类:社会性强化物,指孩子喜欢接受的语言刺激或身体刺激，它属于精神层面的，如拥抱、抚摸、微笑、口头表扬等。此外，大一点儿的孩子，还可以采取代币强化，就是用好的行为进行积分，用积分换取奖励。父母可以给孩子列一个行为分值清单，比如：按时起床加2分、自己穿衣服加2分、帮助做家务加4分……达到一定的分值可以兑奖，如从父母这儿得到玩具、额外的特权或外出游玩等奖赏。

2.强化物的使用

操作要领：

（1）在对孩子进行正强化矫正时，家长要选择孩子喜欢、有需求的强化物。“奖赏”要立即兑现，并且不能给了东西就完事，还要说明是孩子因为什么行为得到了奖励。比如“今天你按时吃饭了，所以妈妈奖励你”“今天你对客人特别有礼貌，所以要奖励你”……这样孩子更加清楚是自己哪方面做得好，下次还会继续这样做。

（2）多种强化物要配合使用，灵活变换花样。家长要善于观察哪些是孩子非常想要的东西，比如特别想吃的食品，特别想得到的玩具，特别想去的游乐场等。掌握了这些信息，当孩子表现不错时，家长就可以运用满足孩子需要的方法来实施奖励，让“按需奖励”获得好的强化效果。

（3）强化物的数量不宜多，随着孩子年龄的增长，要逐渐减少物质奖励，以赞扬、微笑来代替。

（4）随着儿童合作能力、学习能力的提高，应该从刚开始的每次完成正确都给予强化，逐渐向完成正确几次才给予强化转变，这是一个逐渐减弱的过程。

经典案例

爱迪生的母亲对于儿子各种稀奇古怪的问题，只要是她知道的，她就会努力回答；如果是她不知道的，她就让儿子去看书。当她发现儿子对物理、化学很感兴趣后，就给儿子买了本《派克科学读本》，她还劝丈夫把家里的小阁楼改造成儿子的小小实验室。就这样，在这个不怕被问“为什么”的母亲的教育下，爱迪生那充满创造性的智慧得到了充分的发展。

爱迪生的妈妈认真地对待、细心地回答孩子的每一个问题，这对孩子有很大的强化作用，使孩子强烈的求知欲望和好奇心不至于泯灭，让爱迪生养成了勤于思考、勇于探索的习惯。

（引自：珊瑚海《儿童心理承受能力养成课》，天津科学技术出版社2019年版。有删改。）

四、好孩子是鼓励出来的

（一）让孩子在鼓励声中成长

情景再现

邻居家有一个聪明善良的孩子，但是他很少得到鼓励，常受到家长的否定和怀疑，后来孩子中学未毕业就辍学了，事业也一事无成。他经常和父母说：“我从来就没有得到过你们的肯定，我总感觉自己是废物。”试想一下，如果这个孩子的父母把“你不行”“你不对”“不能这样”，换成“你真行”“你是对的”“你可以试试”，也许他的结局就会不一样。

常识透视

1.著名的皮格马利翁效应

皮格马利翁效应是由美国著名心理学家罗森塔尔和雅各布森在小学教学上予以验证后提出的，揭示了人的情感和观念会不同程度地受到别人下意识的影响，人们会不自觉地接受自己喜欢、钦佩、信任和崇拜的人的影响和暗示。好的暗示会帮助人不断进步，坏的暗示则会使人不断后退。很多家长在教育教学过程中给孩子"贴标签"，这个行为就会产生皮格马利翁效应。所以家长一定不要随意给孩子"贴"不好的"标签"，不然你可能会毁了某个领域的天才。

2.皮格马利翁效应的运用

(1)利用暗示

暗示在家庭教育中起着很重要的作用，而且比广告暗示来得更快、更直接。比如，在智力方面，可以用暗示的方法培养孩子的学习兴趣和创造积极性。父母可以经常跟孩子说，"我家孩子特别勤奋，特别爱动脑子，在学习中特别有方法，在思考问题时比爸爸妈妈的主意还多"等。用这样的语言暗示，能够引导孩子自觉学习，养成广泛的学习兴趣，形成积极向上的生活态度。还可以跟孩子说，"我家宝宝真大胆、真勇敢，像个战士""我家孩子特别喜欢和人交往，性格开朗"，这样有利于孩子良好心理素质的养成。积极的暗示，可以使孩子朝向更加理想的方向发展，促进其健康成长、全面发展。

(2)利用感染和影响

家庭教育的"奥秘"体现在父母用爱来感染孩子，父母在把整个心灵献给子女的过程中达到教育的良好效应。在家庭中，父母应主动地运用语言、动作、表情以及图示等手段，去营造某种情境或氛围，充分调动孩子的生理和心理活动机制，进而达到感染孩子、强化教育效果的目的。当代家长肩负着各种各样的使命，有事业打拼、家庭经营、老人赡养、孩子教育等等，任务很重。这些任务落在一个人身上，会产生压力感。但父母要用微笑面对孩子，要和蔼可亲、平等待人，要理解、尊重孩子，要站在孩子的角度考虑问题，这对孩子行为的感染力是很大的。

(3)利用激励和信任

心理学研究表明：人在心态和境遇良好时，受到积极的激励，他会更加发奋向上。比如，孩子说："妈妈，明天我得早点儿去学校，因为明天是我们小组做值日。""好的，妈妈很支持你积极的表现，一定提前起床给你做好早饭。"及时满足孩子合理的、积极向上的要求，也是对孩子的一种激励和信任。父母坚信自己的孩子是千里马，并在与孩子的接触中有意无意地向孩子传达这种信息，同时对孩子的点滴进步施加积极的鼓励，那么孩子就真能成为优秀的人才。

经典案例

小龙妈妈第一次参加家长会时，幼儿园老师对她说："你儿子很可能有多动症，他在板凳上连3分钟都坐不了。你最好带他去医院看一看，早点儿治疗。"回家的路上，小龙问妈妈老师说了什么。妈妈鼻子一酸，差点儿流下眼泪来，因为全班25位小朋友里，只有小龙表现最差。然而，她还是告诉儿子："老师表扬你了，说宝宝原来在板凳上坐不了1分钟，现在都能坐3分钟了。其他的妈妈都非常羡慕妈妈，因为全班只有你进步了。"那天晚上，小龙破天荒地吃饭不用喂，自己吃得好好的。

(引自：马少槟、张戈茵《做个放手又放心的家长》，广东人民出版社2019年版。有删改。)

(二)让鼓励具体化

情景再现

妈妈:“孩子,这次你在班上表现很棒！你想要什么奖励?”

孩子:“妈妈,班上很多同学都买了电子手表,我也想要一块。”

妈妈:“可你手上的表才买啊！这样吧,这次我给你其他的奖励,如果你能坚持使用现在的手表,直到它坏掉,我不仅给你买电子手表,还会给你一个特别的奖励。”

孩子开心地笑了。

常识透视

1.奖励的理论基础

奖励符合马斯洛需求层次理论,即在恰当的时间,用恰当的方式,让孩子的需求得到满足,这种满足既可能是物质上的,也可能是精神上的。通常来看,精神上的满足更为可贵和重要。

2.奖励的方法

(1)奖励一定要跟孩子说明原因

只有在奖励的时候,孩子知道是什么行为被奖励了,才能发挥好奖励的正面导向作用,才能强化孩子好的行为表现。如果不说明原因,则会造成信息误差,孩子有可能误解奖励的原因。

(2)根据年龄选择特定奖励

低年级孩子适合物质性的奖励,包括消费性强化物(如饼干、水果、巧克力等一次性消费品)、活动性强化物(如看电视、踢球、去公园、野餐等休闲性质活动)、拥有性强化物(如漂亮的衣服、笔记本、文具盒等孩子可以拥有享受的物品)。随着孩子年龄的增长,家长应该多使用社会性强化物,如表扬、拥抱等。

(3)给孩子制订个性化奖励制度

家长要了解孩子到底喜欢什么,什么东西才是对孩子最适宜的激励物。例如,奖励喜欢画画的孩子一盒好的油画颜料、奖励喜欢看书的孩子一本心仪已久的故事书等。

(4)注意改变奖励次数及奖励物

在培养孩子的习惯或行为时,一开始使用奖励效果好,但要逐渐减少奖励的次数,适当改变奖励物。从奖励实物变成口头表扬,渐渐地,直到不用奖励,孩子也能保持该行为,这样才能真正发挥奖励的作用。

经典案例

沃尔夫冈·阿玛多伊斯·莫扎特是欧洲古典音乐时期的杰出代表,被公认为音乐天才。他的父亲,一位宫廷乐师,非常清楚儿子的天赋,并决心培养他。

当小莫扎特只有5岁的时候,父亲就开始教他弹钢琴和小提琴。小莫扎特最初对此并不感兴趣,但父亲没有强迫他,而是通过奖励激发他的内驱力。每当小莫扎特完成一首曲子,父亲就会给他一个小糖果作为奖励。这个奖励激发了小莫扎特的学习热情,他开始主动要求学习新的曲子,甚至在父亲睡觉的时候偷偷练习。

随着时间的推移,小莫扎特的才华得到了广泛的认可,他开始在宫廷和教堂演出。最终,他成为欧洲最著名的作曲家之一,创作了大量的交响乐、室内乐、歌剧和宗教音乐。

(三)鼓励不是诱惑

情景再现

我下班回家,孩子摆好给我的拖鞋,我会对孩子说声“谢谢”或者拥抱他。有礼貌地面对孩子的付出,也是对孩子的认可和鼓励。有的家长认为买好吃的食物和好玩的玩具才是鼓励,但我认为还是应该多和孩子进行情感的交流,让孩子内心感受到鼓励。

常识透视

1.德西效应

心理学家爱德华·德西曾进行过一次著名的实验,他随机抽调一些学生去单独解一些有趣的智力难题。在实验的第一阶段,抽调的全部学生在解题完成后没有奖励;进入第二阶段,所有实验组的学生每完成一个难题后,就得到1美元的奖励,而无奖励组的学生仍像原来那样解题;第三阶段,在每个学生的自由休息时间,研究人员观察学生是否仍在做题,以此作为判断学生对解题兴趣的指标。结果发现,无奖励组的学生比有奖励组的学生愿意花更多的休息时间去解题。

这说明:奖励组对解题的兴趣衰减得快,而无奖励组在进入第三阶段后,仍对解题保持了较大的兴趣。

德西效应表明:当一个人进行一项愉快的活动时,给他提供物质奖励反而会降低这项活动对他内在的吸引力。

2.精神鼓励的重要性

望子成龙，望女成凤，怎样才能如愿呢？很多父母选择了物质刺激：孩子考多少分，给多少钱的物质奖励。物质奖励在刚开始或许管点儿用，但是，一旦物质刺激对孩子构不成吸引力，就会大大削减孩子的学习积极性。

给孩子精神鼓励，让孩子看到自身的优势、自身的发展前景，让孩子自我实现，自我走向成功，对孩子有着更大的吸引力——孩子都有追求卓越的天性，只要父母管理、激励得当，孩子就会奋发有为。

3.鼓励孩子的3个要领

(1)让孩子感受到父母的关心

孩子需要的鼓励其实很简单，当爸爸妈妈说“我爱你”“我们支持你”“你对我们来说很重要”时，让孩子感受到父母的关心、关注和陪伴，这将起到惊人的效果。

(2)基于事实的陈述

父母使用描述性语言，从具体动作、过程、结果来指出孩子的具体行为表现，能够达到鼓励孩子进一步提高自身素质的效果。

(3)在细节中成就自信

父母要引导孩子面对现实，多提建设性意见，不要一味地夸奖孩子；要相信孩子的才能，尽力帮助孩子将自己的能力发挥到极致。父母要教导孩子独立自主、自尊、自重。在日常的生活细节中，努力培养孩子的自信心，为孩子的健康成长夯实自信基础。

经典案例

有一天，张叔叔带着他的儿子小鱼儿到凯奇家来做客。凯奇和小鱼儿想用书房的电脑玩电子游戏。张叔叔担心他们会玩起来没有节制，于是表示否定。凯奇的爸爸看着他们充满期待的眼神，建议张叔叔："要不，今天就破例一下，让小鱼儿陪着凯奇玩会儿吧，他们可以成为队友，和其他人一起玩。"凯奇的爸爸还大声说："我家凯奇时间观念特别强，也特别遵守时间。每次他说玩半个小时，不需要我们提醒，就会在时间结束前主动终止游戏，正因为如此，我们才会同意他适度玩游戏。"说完，凯奇的爸爸又转向凯奇，说："凯奇，今天爸爸把计时的重要任务交给你，你来把控时间，好不好?"其实，以往凯奇也需要爸爸妈妈的再三催促才能结束游戏。不过，这次爸爸这样大力表扬凯奇，不知道凯奇会有什么表现呢？还剩5分钟的时候，凯奇和小鱼儿笑眯眯地走出来，爸爸很高兴："真不错，提前了5分钟。"张叔叔也对凯奇竖起了大拇指。

（引自：徐苑琳《正面管教的技巧》，中国纺织出版社有限公司2020年版。有删改。）

五、实践锻炼与唤醒自我

（一）培养孩子的胆识

情景再现

家里，孩子把桌子上的剪刀拿了起来，妈妈立刻大喊："宝贝，赶紧把剪刀放下，太危险了，万一不小心剪到手就要疼了。"孩子立刻放下了剪刀，乖乖地坐好。过了一会儿，孩子又跑去看桌子上有啥东西，妈妈又在旁边说："小心，桌子上的这杯水还有点儿烫，你不要去碰。"

常识透视

1.别怕伤害

为了让孩子不受伤害,家长总是把孩子照顾得很细致。可是,如果孩子长期处在这个东西不能动、那个东西不能碰的环境中,那么孩子就会觉得处处都有危险,变得更加胆小怕事。

孩子去摸爸爸的电脑,爸爸会说电脑没什么好看的,这是大人的东西;孩子去碰妈妈的护肤品,妈妈会说这是妈妈的东西,你用不到。孩子经常想大胆尝试,但面对家长喊停,只能乖乖听话。就这样,孩子的好奇心、自我学习的机会、探索的欲望就会被慢慢扼杀,认知和想象能力都得不到应有的发展。孩子需要的是更多的实践经验。

2.多多尝试

虽然尝试的结果有好有坏,但一定具备特殊的教育意义。孩子的尝试,也许会损坏一些东西,会给家庭制造不少麻烦,有时甚至会受点儿小伤,但是这些都是值得的。在保证安全的前提下,家长应该放手让孩子多去试一试。如果孩子闯祸了,我们应该以正面的心态去面对,而不是打骂指责。宁可花钱去培养孩子的好奇心,也不要为了避免麻烦,什么都不让孩子去触碰。孩子的好奇心和创造力一旦毁灭,就很难恢复。

经典案例

一个小女孩跟爸爸说想要从滑梯上头朝下趴着滑下来,爸爸说最好不要这样做,因为有点儿危险,可是小女孩不听,于是爸爸就说:“那你自己试一试吧。”

实际上很多孩子都这样玩，只不过别的孩子略大些。小女孩得到允许后就兴奋地倒趴着从上面滑下来。爸爸妈妈站在一边，静静地看着她。小女孩由于控制力不是太好，胳膊被自己的身体压住了，疼得哭了起来。妈妈笑着走到她面前说："宝宝以后要小心点儿哦。"孩子的哭声很快就止住了，因为她除了由于疼痛引起的不适外，心理上并没有任何的委屈，她的胆量和勇气也得到了锤炼。

（引自：涓子《哈佛教育智慧》，长江文艺出版社2014年版。有删改。）

（二）扩展孩子的眼界

情景再现

假期一到来，很多家庭都会抽空带孩子出去走走，看看外面的世界。很多小朋友从小就常常和家里人一起去旅游，比如3岁去青岛、5岁去济南、8岁去北京……孩子在出去玩的过程中，整理自己的物品，查景点信息，买地方特产吃，等等。"读万卷书，行万里路"，通过长期的坚持，孩子的自理能力提高了、眼界变宽了、各种知识变得更丰富了。

常识透视

1.旅行的价值

古训有言："读万卷书，行万里路。"这跟当代社会崇尚的"身体和灵魂总有一个在路上"不谋而合，可见视界与精神实现互通相当重要。

二三十岁才开始旅行的人，他们的视野被打开的时间晚、界点低，很多感知都是在三观基本成型后才产生的。这跟从小就四处旅行的孩子比起来，他们看待事物的角度和处理问题的能力，少了几分远见和格局。

孩子尚未被社会的规则塑造，还有更大的价值空间值得开拓和培养。我们不难发现，同样是10岁的2个孩子，眼界广、见识多的那一个，性格想法和社交能力必然更胜一筹。

这就是旅行的价值，旅行能够赋予人新的魅力。无论你是否热爱旅行，尽可能带孩子参与和旅行相关的活动，这很有必要。

2.带孩子旅行要注意的事项

(1)做好旅行的规划

亲子旅游的目的地、旅游距离、旅游天数、当地公共安全和卫生条件等，都是需要考虑的因素。

(2)在孩子合适的年龄旅行

许多父母认为孩子不会对看到的事物留下印象，所以他们不会选择过早带孩子去旅行。事实并非如此，孩子会在3岁以后记住他们去过的地方。只要父母在现场有意识地教他们，然后通过照片帮助他们在未来回忆，即使是三四岁的孩子也能从旅途中受益。

(3)注意培养兴趣

带孩子出门旅行，不应像走马观花一样。一地式的短程旅游最为理想，还可根据孩子的兴趣情况适度调整行程。

(4)选择适合孩子的亲子游项目

对孩子来说，春天和夏天去海边是个不错的选择。白天玩水和沙子很好，晚上在酒店享受美味食物也很棒。此外，去一些有趣的村庄，体验当地民风习俗也是不错的选择。

(5)给孩子决定的权利

在旅行过程中的各个环节，比如路线的确定、车票的预订、旅馆的选择、餐饮的对比等，都可以放手让孩子来做，家长提供补充建议，能从小培养孩子的社会能力。

经典案例

在候机室，我正在看一本书，刚刚翻到有《八骏图》的那页，朋友的孩子指着画笑着说："阿姨，这幅图我认识，但是我不记得叫什么名字了。"我一听笑问道："你是怎么认识的啊？"她说以前和爸爸妈妈去旅行的时候，在美术馆里面看到过这幅画。后来，我把这个事情告诉了她的父母，他们非常高兴，感叹地说："看来，带她去旅行还是有收获的。"

（三）让孩子"自我"成长

情景再现

孩子们在家上了很久的网课，没有了老师的督促，父母也不在身边，孩子们在家的学习状态就比较散漫。"我每天下班都看到孩子在那里玩，很难让他去学习，非要我拿出脾气他才能乖乖地坐下来看书，真是拿他没办法了。"

常识透视

1.唤醒孩子的内驱力

内驱力是指个体在追求目标时所表现出来的内在动力，是推动人们行动的重要因素。如果孩子缺乏"内驱力"，自然就少了一些学习热情，父母和老师的督促也不会起到好的作用。

合理利用“自我决定论”,家长就能够轻松唤醒孩子的“内驱力”。自我决定就是一种经验选择的潜能,是在充分认识个人需要和环境信息的基础上,个体对行动所做出的自由选择。自我决定的潜能可以引导人们形成感兴趣的、有益于能力发展的行为方式,这种对自我决定的追求就构成了人类行为的内在动机。简单来说,就是让孩子能够自发地去学习,自发地去完成任务,并且能够坚持下去。

2.解放孩子的脑和手

家长要改变代替孩子解决问题的做法,让孩子去面对生活中遇到的各种困难,丰富生活经验,体验挫折。

(1)让孩子自己去解决一些事情,对自己的行为负责,通过自己的努力去获得自己想要的。

(2)有意识地多给孩子锻炼的机会,孩子的经验丰富了,遇事就不会惊慌失措,就更能勇敢地面对突如其来的困难。

(3)让孩子做一些力所能及的家务劳动,学到基本的生存技能,培养孩子吃苦耐劳的精神,让孩子渐渐学会独立面对生活的一切。

(4)带孩子参加一些户外的拓展活动,如攀登、徒步、田间劳动等,让孩子在这些活动中感受挫折,战胜挫折。

经典案例

我国古代著名的思想家、教育家司马光,小时候贪玩贪睡又“记忆力差”,没少受先生责罚和同伴嘲笑。在先生的谆谆教诲下,他决心改掉坏习惯。为了早早起床,他睡觉前喝了满满一肚子水,结果早上没被憋醒却尿了床。于是聪明的司马光用圆木头制作了一个警枕，早上一翻身，头滑落在床板上，自然惊醒。从此他天天早早起床读书，坚持不懈。为了改掉“记忆力差”这个坏“毛病”，每当先生讲完课，其他人勉强背下来就扔下书本去玩时，司马光则关上门窗，聚精会神地一遍又一遍高声朗读，直到合上书背得一字不错且很流利，才肯休息一小会儿。

司马光一生都坚持学习，做官之后也没放弃，反而更加刻苦，最终成为学识渊博，写出《资治通鉴》的大文豪。

（据范祖禹《司马温公布衾铭记》改编。）

常识六

警惕家庭教育的潜在危机
——稳固成长基石

物有本末，事有终始。知所先后，则近道矣。

——《礼记·大学》

艾莉森·高普尼克所著的《园丁与木匠》一书中写到了两种父母：一种是木匠型父母，把孩子看作原材料，根据自己的想法进行艺术加工，认为只要父母足够努力，孩子就会成功；一种是园丁型父母，把孩子看作一粒种子，提供适宜的条件，任其慢慢生长。

作为父母，应该怎样选择？

为了让孩子成为未来社会的佼佼者，有的家长把关注点主要放在学业上面，忽视了孩子其他方面的发展，使学习成了孩子唯一的任务。殊不知，偏废背后，将埋下深深的隐忧与危机。如果因为关心孩子的学业而忽略了其他方面，通常会导致事与愿违。

教育的真谛在于培养全面发展的孩子。立德是做人的根本，身心健康是人生的第一笔财富，劳动教育提高生活技能，文化素养助力孩子赢在未来，习惯养成是每一个成功者必备的优秀品质。

关注孩子道德品质、身心素质、生活技能、文化修养、行为习惯等方面的培育，让每个孩子遇见更好的自己，才可能为孩子的一生奠定稳固的成长基石。

一、良好品行是做人的基础

(一)家国情怀是立德之源

情景再现

我在车站等车,身旁一个六七岁的孩子嘴里不停地哼唱着:“我和我的祖国,一刻也不能分割,无论我走到哪里,都留下一首赞歌……”

妈妈很意外:“你什么时候学会了这首歌?”

孩子回答:“这几天刚学的。老师说,国庆节快到了,我们要唱一首歌献给祖国妈妈。”

妈妈笑了:“老师说得对,祖国就像妈妈一样。”

这是多么纯粹而又美好的爱国主义教育!祖国就像妈妈一样,谁能不爱自己的妈妈呢?

常识透视

中国人重视家、忠于国,家国情怀是我们每个人内心最深处的精神归属。家国情怀是中华文化的独特印记。培养孩子的家国情怀,家庭教育是第一站。

1. 有国才有家

家是最小国，国是千万家，家庭命运永远和国家命运紧密相连。2020年，全国上下众志成城，凝聚起抗击疫情的强大力量，让世界见证了中国人的家国情怀。2022年，当乌克兰局势恶化，中国驻乌克兰大使馆开始分批包机撤侨。想要撤离全部的中国公民，难度特别大，几乎要跨越整个乌克兰，其难度不言而喻。在这场堪称奇迹的行动背后，正是中国人守望相助的家国情怀在支撑。

有国才有家，家国一体是我们中国人一脉相承的永远流淌在血液里的民族情感。

2. 家国情怀是一种大爱

家国情怀是一个人对国家、对人民的深情大爱，是对国家与民族命运的责任与担当，是根植于生命的自觉，是每一个中国人都应该拥有的精神底色。孩子心中有家国，有爱人的精神，长大后才会爱社会、爱国家；无论身处怎样的境地，无论遇到什么困难，心中将涌动着强大的精神力量，从而成就高格局的人生。

3. 家国情怀需从小培育

家国情怀并不是自发形成的，需要从小培育。家庭是孩子精神生长的沃土，爱家者方能爱国，爱国者岂不爱家？从小在孩子的心里种下爱家国的种子，才能让家国情怀这棵大树逐渐成为孩子人生最强大的支柱。或许你会说，孩子还小，不懂事，等他们长大了再教育。其实，你更明白孩子如幼苗，你若用家国大爱去滋养，他必不会自私自利而使内心脆弱。

心中有家国，是孩子一生的精神底色。

经典案例

作为教育家,蔡元培用独特的教育理念培养了一批批人才。作为父亲,蔡元培注重从小培养孩子们的家国情怀。

孩子年幼时,蔡元培就常常给他们讲历史名人的爱国励志故事。他与夫人常带着孩子们玩一种叫“国际联盟”的游戏,参加游戏的每个人代表一个国家,轮流在国际联盟论坛上发言,简要阐述对时局的看法和政治立场。

他在香港养病期间,常常和孩子们谈人生理想、爱国思想。有一次,朋友送给他斯诺的《西行漫记》和斯诺夫人的《续西行漫记》。他阅读后,立即把它们推荐给了女儿蔡睟盎。女儿在他的熏陶下也走上了革命的道路。

(引自:蔡睟盎《慈父·良师·益友——追忆我的父军蔡元培先生》,《今日浙江》2000年第5期。有删改。)

(二)社会公德是修身之本

情景再现

一位母亲带着年幼的女儿走在回家的路上。女儿一不小心,手中的饼干掉到了地上。母亲立即停下脚步,轻轻地对女儿说:“我们把它捡起来,丢到垃圾桶里。”说罢,两人一起弯腰捡拾。

一个孩子嚼完口香糖,用纸包好,正四下寻找垃圾箱。父亲看见了,拿过口香糖,径自丢到一旁的草丛里。“垃圾不能随地乱丢!”孩子竭力争辩,却换来父亲的一番训斥。

请您说说,这两种教养方式将会给孩子带来怎样不同的成长经历和人生。

常识透视

社会公德是修身之本，体现了一个家庭的家风，也折射出社会的文明程度。

1. 社会公德需要共同遵守

人是社会的人，不可能孤立于社会之外，孩子亦如此。社会生活是规范化的，就像孩子参与游戏必须遵守规则一样。社会公德是人们共同遵守的最起码的道德准则，是保障社会文明、和谐的基石。使孩子成为合格的社会公民，做一个受欢迎的人，社会公德教育不可缺失。

2. 家庭奠定了社会公德的基调

儿童的社会化当从家庭开始，家庭教育奠定了社会公德的基调。家庭教育在日常生活中自然地展开，孩子在接受家庭教育的过程中，在父母的熏陶下，不断习得社会生活的基本规则，逐渐将其内化为自己的行为。当然，社会是纷繁复杂的，一些不遵守社会公德的现象也会对孩子造成负面影响，这便更需要父母的正面引导，帮助孩子形成正确的道德判断，习得正确的行为准则。

3. 社会公德的培养在日常

孩子年龄尚小，还没有形成独立的道德判断标准，他们判断是非的标准源于父母。父母与孩子相处过程中的点点滴滴，会对孩子的心灵产生潜移默化的影响；父母的言行举止，是子女为人处世的样本。对父母言谈举止的模仿，对父母为人处世的观察，是孩子形成社会公德意识的主要路径。父母如果在生活中给孩子做好表率，孩子自然会心领神会。

拥有公德心，学会为他人着想，社会才会更加温暖有爱，你、我、孩子才会被温暖有爱的社会所滋养。

经典案例

据澎湃新闻报道，四川广安有一名学生放学后骑自行车回家，不小心剐蹭到停靠在路边的一辆黑色轿车。面对突发状况，她选择的是写一封道歉信，留下姓名和电话，承诺赔偿车主的损失。车主看到这封道歉信，并没有接受她的赔偿，而是特地表扬了她。当问及她内心的想法时，她说，自己犯错后，有人让她先走。但她觉得心里很不踏实，很愧疚，就写下了这封道歉信。

如果您是车主，您是否会心中释然？您还会怒从心起吗？一封道歉信，让过错者心怀坦荡，让受损者不再介怀。这样的社会公德就是人与人之间的黏稠剂，是社会生活这幅大画卷的调色盘，让社会大家庭更加和谐美好。

（引自：孙云晓《培养孩子的责任感是家庭教育的核心任务》，《教育家》2020年第10期。有删改。）

（三）家庭美德是治家之道

情景再现

公益广告《妈妈洗脚》呈现了一个感人的片段：晚上，忙碌了一天的母亲回到家，一边讲故事，一边给孩子洗脚。哄孩子入睡之后，母亲又大汗淋漓地端水给孩子的奶奶洗脚。懂事的孩子将一切看在眼里，却长进了心里。当母亲回房发现孩子不在房间时，回过头，竟看见年幼的孩子踉踉跄跄地端着一盆水走过来，笑眯眯地说："妈妈，洗脚。"

那个特写的镜头是否直抵您的内心？

常识透视

家庭美德维系着家庭的和谐，滋养着人性的温情，是家庭幸福的精神内核。

1. 家庭美德是一种文化传承

家庭美德是中华优秀传统文化的积淀，是华夏文明源远流长的彰显。自古以来，中国人就尊崇孝悌为首的家庭美德，认为百善孝为先，倡导尊老爱幼、妻贤夫安、兄友弟恭、勤俭持家。虽然社会在发展，但这些传统家庭美德从未改变。弘扬向上向善的家庭美德，形成良好的家庭文化，是一个家庭最核心的精神力量。

2. 家庭美德是家庭和谐的纽带

家庭美德是一条纽带，凝聚着亲人的关系，维系着家庭的和谐。幸福的家庭都是相似的，尊老爱幼、勤俭持家、夫妻和睦、睦邻友好……这些都是每个家庭成员都应该遵守的行为准则，也是中国人的治家之道。传承家庭美德，处理好家庭生活中的各种问题，不仅能使家庭成员之间的关系更加密切，提升家庭的幸福指数，而且有助于构建和谐社会。

3. 家庭美德是道德养成的摇篮

家庭是涵养品性的最佳场所，家风正则后代正，家风正则源头正，家风正则国家正。父母在孩子成长过程中通过身体力行、言传身教使家庭形成良好的风气和道德氛围，让孩子在良好家风的滋养下学会推己及人、关爱家人、善待邻里，未来的家庭才会幸福。

积善之家，必有余庆。

经典案例

东汉时，有个叫黄香的人，小小年纪便以孝亲的高尚德行名扬天下。

炎炎夏日，为了帮父亲消暑，他每天晚上都用大蒲扇对着床铺使劲扇风，使枕席变得清凉，使蚊虫远离帐子，让父亲睡得更加舒适。严寒的冬日，他就脱了衣服，钻进冰冷的被窝，用自己的身体将被窝焐热，以便父亲入睡时更加暖和。

黄香自此闻名天下，扇枕温衾的故事千古流传。

（引自：王馨《中国家风家训》，台海出版社2017年版。有删改。）

二、身心健康助力梦想成真

（一）睡眠充足是良药

情景再现

"6点便起床，拿着早餐挤公交，每天上学完全像打仗一样！"

"早上起床太困难了，尤其是冬天。"

常听到父母抱怨孩子睡眠时间严重不足，中午不爱午睡，晚上迟迟不睡，有时候抱着电子产品到11点多还舍不得放下，第二天早上怎么叫都不愿意起床，尤其是节假日，更是养成了睡懒觉的习惯。

《中国睡眠研究报告（2022）》显示，中小学生的睡眠时长严重不足，未成年人平均睡眠时间仅7小时。

常识透视

睡眠是每个人的需要。对于快速成长的孩子来说，充足且有质量的睡眠是保障健康的良药。

1.睡眠不足危害大

科学研究表明，我们睡觉时，大脑中的脑脊液会帮助我们清洗大脑，把大脑中的代谢物清除掉。睡眠充足，有助于大脑休息，孩子就会精力充沛，情绪积极；睡眠不足，受损伤的不仅仅是脑功能，长此以往，还可能会导致焦虑、抑郁、注意力缺陷等问题，严重损害孩子的身心健康。

2.规律作息是保障

规律作息是健康的第一要义。一般来说，晚上10点至凌晨4点，是最佳的睡眠时间。过了11点，人往往会变得兴奋，难以入睡。所以，孩子最晚不要超过11点入睡。根据孩子的身心发展特点，建议小学生每天睡眠时间最好能达到10小时以上，初中生达到9小时以上，高中生达到8小时以上。每天按时入睡，有规律地作息，形成良好的生物钟，有助于提高睡眠的质量。

3.深度睡眠不能少

孩子不仅需要早睡，还需要深度睡眠。在深度睡眠状态下，人体会发生一些奇异的变化，让大脑得到休整，让肝脏得以修复。大脑的逻辑思维和记忆力都是通过深度睡眠来实现自我修复的。如果缺少了深度睡眠，即使睡得再久，身体也没有得到最有效的休息。既保证睡眠的时间，又保证深睡眠的昼夜节律，才是最佳的睡眠状态。

睡眠的质量决定了生活的质量。有规律地作息，保障充足且有质量的睡眠，身体才会更加健康。

经典案例

自古以来,科学睡眠以养生便是医家学者不断探究的话题。蔡元定是南宋著名的理学家,他的《睡诀铭》被誉为千古奇方。

"睡侧而屈,觉正而伸,勿想杂念。早晚以时,先睡心,后睡眼。"短短22个字,言简意赅地概括了睡眠的本质以及睡眠习惯的养成,强调了睡眠姿势、睡眠时间和睡眠心境对提高睡眠质量的作用。

这一精辟论述影响深远,至今仍被奉为准则。

(引自:王宏超《古人的生活世界》,中华书局2020年版。有删改。)

(二)科学运动是良医

情景再现

很多体育老师私下吐槽,现在的孩子个头越来越高,体能却越来越差。

"作业太多,根本没时间动。"

"让他们运动,他们宁愿玩手机。"

没时间锻炼、肥胖率高、近视率上升、跑跳投不合格……关于中国青少年身体健康水平的下降,近年来已有太多的信号。

常识透视

生命在于运动,运动需要科学。科学运动是健康成长的良医。

1. 科学运动促进发育

人在运动时，新陈代谢更加旺盛。运动能促进孩子肌肉和骨骼的生长，增强身体素质，使心肺功能、力量、爆发力、柔韧性、敏捷性和协调性等得到全面发展。运动还能促进大脑发育，提高身体免疫力，预防各种疾病。孩子运动时，加快了眼部的血液循环，可以有效缓解眼部疲劳，从而预防近视。

2. 科学运动愉悦身心

科学的运动能使人身心愉悦，增强抗压能力，促进身心健康发展。人在运动时产生的多巴胺是一种正向的情绪物质，会让人变得快乐。运动之后，心情愉悦，精神亢奋，能有效缓解焦虑和紧张，减少负面情绪。运动产生的血清素则跟人的记忆有关，运动后血清素增加，促进记忆力发展。运动产生的肾上腺素则跟注意力有关，肾上腺素能增强孩子的专注力。活泼的运动细胞还有利于孩子理性面对挫折，增强意志力。

3. 科学运动锤炼精神

科学运动既磨砺意志，又锤炼体育精神，有利于帮助孩子形成更健全的人格。运动场上，孩子学会奋勇拼搏，公平竞争；学会享受胜利，接受失败；学会积极争先，与人合作。在运动中，可以加深孩子对生命的理解，激发孩子对生活的热爱，为其精神赋能。

养成运动习惯，练就强健体魄，培养体育精神，是最好的生命教育。

经典案例

孔子是中国古代最伟大的教育家，也是第一位提倡体育教学的教育家，他讲究身与心的共同锻炼。

他不主张死读书，尤其崇尚户外运动。他自己就是一名优秀的体育健将，射箭、驾车、打猎、游泳、登山、钓鱼、马术等样样精通，可谓全能选手。

他不仅自己爱好体育运动，对学生的体育教育也很重视，在他开办的学校里，除了诗、书、礼、乐，射（射箭）和御（驾车）也是必修课。

（引自：洪佳婧、杨忠宇《孔子长寿养生经》，吉林科学技术出版社2012年版。有删改。）

（三）心理健康是关键

情景再现

2020年，面对突如其来的疫情，一个10岁的小男孩引发了大众的关注。他的父母都奋战在抗疫一线，没时间照顾他。这个小小男子汉，不仅没让父母操心，还表现得特别积极乐观，每天自觉上网课、写作业，独自去超市购物，小小年纪的他把生活和学习安排得有条不紊。看到这一幕，大家都纷纷点赞，称他为心有铠甲的“硬核男孩”。

常识透视

家庭是心灵的港湾，是开展心理健康教育的第一课堂。重视心理健康教育，才能为孩子的健康人生奠基。

1.心理健康教育不容忽视

2022年6月，人民日报健康客户端发布了《2022国民抑郁症蓝皮书》，调查显示，青少年抑郁症患病率达15%～20%。其中，50%为在校学生，41%曾经因为抑郁症而休学。青少年的心理健康问题日益凸显,焦虑、抑郁等情绪严重影响了孩子的生活和学习,甚至引发了极端行为。养树养根,养人养心,与提供丰富的物质保障相比,对孩子进行心理健康教育更重要。

2.家庭氛围影响心理健康

家庭氛围会影响孩子的心理健康,良好的家庭氛围是孩子形成良好心理素质的前提。生活在和谐融洽的家庭氛围中,孩子往往心情愉快,性格活泼,爱好广泛,乐于交往。反之,如果家庭氛围紧张,或情感淡漠,或争吵不休,孩子往往会心情压抑,或焦虑过度,或自我封闭,造成一系列的心理问题。

3.教育方式影响心理健康

父母是孩子人格养成的重要他人,父母的教育方式会对孩子的心理产生潜移默化的影响。一般来说,专制型的父母容易给孩子造成焦虑和恐惧,让孩子形成挫败感,产生叛逆心理;溺爱型的父母往往会让孩子变得刁蛮任性,自私自利,容易冲动;忽视型的父母则显得对孩子漠不关心,往往造成孩子的适应性障碍;民主型的父母更利于孩子的情绪稳定,形成积极乐观的心理。

家庭是孩子成长的摇篮,父母从小关注孩子的心理健康教育,塑造其阳光自信的人格,孩子才能拥抱快乐的生活。

经典案例

梁漱溟是中国著名的教育家、哲学家,他渊博的学识离不开父亲的无为而治。

梁父对他的教育是完全宽放的,很少正言厉色地教训他。梁漱溟9岁时,发现自己积攒的一串铜钱不见了,便怀疑这个怀疑那个。第二天,梁父在桃枝上发现了那串铜钱，知道是他贪玩自己忘了，于是写了一张便条叙述丢钱事件，以“小儿始自知其糊涂”结尾。

梁漱溟也沿袭了父亲的民主与慈爱，对待孩子从不端凝严肃，他认为对的，便鼓励；他认为不妥当的，也只是表明自己的观点。正是这样的尊重与鼓励，助力孩子做真我，坚持独立的精神和自由的思想。

（引自：刘未鸣、詹红旗《大师们的家风·第二辑》，中国文史出版社2019年版。有删改。）

三、劳动是幸福人生的源泉

（一）自己的事情自己做

情景再现

“你好好吃饭，这些玩具妈妈帮你收拾。”

“你去写作业吧，衣服妈妈洗。”

“你好好学习就行，家里的事都不用你管。”

有不少家长认为，相对于孩子的学习，劳动是微不足道的。殊不知，忽视劳动的价值，替孩子包揽一切，反而妨碍了孩子的成长，让孩子在不知不觉中成为生活的低能者。

常识透视

自理能力即自己照顾自己的能力，是孩子必备的基本生活技能。

1.自理是走向独立的起点

只有学会独立，人才是完整的个体。如果想要孩子成为一个自立自主的人，就要让他学会自己的事情自己做。孩子总有一天会离开父母的怀抱，走向社会，任何一个孩子都必须依靠自己的劳动才能创造幸福生活。家庭教育就是要逐步赋予孩子独立生活的能力，培养孩子的独立人格。久而久之，当孩子遇到问题或困难时就不会总是依赖别人，而是自己想办法解决，在人格上真正独立。

2.自理能力在实践中养成

孩子的自理能力不是与生俱来的，必须在劳动实践中逐步养成。下河才知水深浅，无论多么简单的事情，如果家长不提供机会，不让他们亲身实践，孩子就总也学不会，即使他们已经具备了独立生活的可能性。父母要学会放手，给孩子试错的机会，抓住衣食住行等劳动实践的机会，鼓励孩子自我服务，才能从小培养自理能力。

3.自理过程就是成长过程

孩子在做事的过程中，意志得到锻炼，责任感得到强化，做事获得的成就感会帮助孩子增强自信，有利于孩子的身心发展。一个爱劳动的孩子，生活态度往往会更加积极乐观。做好自己的事情，可以帮助孩子学会认知，积累生活经验，掌握吃穿住行等生活技能，学会处理生活中的问题。自理能力强的孩子，进入社会以后适应能力更强。

鸟不展翅难飞翔，人不自理难成材。

经典案例

著名的教育家陶行知曾写下《自立歌》:"滴自己的汗,吃自己的饭,自己的事自己干,靠人、靠天、靠祖上,不算是好汉!"

他和孩子们商议出了一个自立立人、自助助人的教学过程:第一阶段,三餐喂得饱,个个喊宝宝;第二阶段,小事认真干,零用自己赚;第三阶段,全部衣食住,不靠别人助;第四阶段,自活有余力,帮助人自立。

他在给家人的信中这样写道:"小桃在家,自己的事要自己干。衣服要学洗,破了要学缝;烧菜弄饭都要学,还要扫地抹桌,有益的事都要做。"

(引自:刘未鸣、詹红旗《大师们的家风·第二辑》,中国文史出版社2019年版。有删改。)

(二)家里的事情帮着做

情景再现

湖南卫视《少年说》节目中,一位少年站在台上诉苦:"我现在写完作业得刷碗、擦地、择菜,以前这些事都是妈妈一个人干的。妈妈还逼我学做饭,现在已经学会了做焖饭、煮粥、拌凉菜。我只是个十几岁的小孩……"

面对儿子的哭诉,妈妈回答:"作为一个男孩子,如果将来能泡得了书房,下得了厨房,有责任,能担当,那么未来一定很幸福,在一起的人也一定很幸福。"

这位智慧的母亲,道出了家务劳动的真正价值。

常识透视

劳动意识的培养，根源在家庭。孩子是家庭的一员，从小参与家务劳动，是孩子的必修课。

1. 家务劳动涵养家风

幸福美满的家庭需要家庭成员共同经营。每个孩子都是家庭的一员，从小承担力所能及的家务，是作为家庭成员不可推卸的责任。一个经常做家务的孩子，对家庭的认可度和参与度更高。孩子在做家务的过程中，更能体验生活的艰辛，体会到父母的不易，从而学会感恩，更加懂得体贴家人，勇于承担家庭责任。在潜移默化中，涵养崇尚劳动的家风，培养热爱劳动的习惯，增强了孩子的归属感。

2. 家务劳动健全人格

人的许多优秀品格都是在劳动中形成的。家务劳动不仅是一种习惯，也是一种人格教育，关系到孩子人生观和价值观的养成。经常做家务的孩子，会更加懂得珍惜劳动成果，养成勤俭节约的好习惯。在劳动实践中，还能锻炼吃苦耐劳的精神，提升独立生活的能力，培养良好的社会适应力。

从小参加家务劳动的孩子，更有担当。

3. 家务劳动发展思维

动手是思维的体操，劳动和学习对于孩子同等重要。人在进行体力劳动时，脑子里的氧含量最充足。孩子学习之余，帮着父母刷刷碗、洗洗衣、扫扫地、整理房间等，既释放了学习压力，又能在实践中锻炼身体，磨炼意志，发展思维能力，保持身心愉悦，提振精气神。

经典案例

一位父亲经常出差，每次出差前，都会叮嘱8岁的儿子："你是家中的男子汉，爸爸出差这段时间，妈妈就交给你照顾了，你可要担起重任。"

爸爸出差后，儿子显得格外懂事。妈妈下班后走进厨房，他立即跟进去帮着剥葱；妈妈刚拎起垃圾桶，他立即跑上去帮着倒垃圾。当妈妈向他表示感谢，他骄傲地说："我是家中的男子汉，这是我应该做的。"

不经意间，孩子已经学会了主动承担家庭的责任。

（引自：缪建东《家庭教育学》，高等教育出版社2015年版。有删改。）

（三）社会的事情学着做

情景再现

山东济南有一个11岁的男孩，4岁便开始跟着妈妈做义工，7岁开始帮老人理发。几年来，他已经帮六七百名老人理过发。他说，穿上义工服就有了一种责任感，帮助别人很快乐。

近年来，很多父母已经意识到孩子不珍惜劳动成果、不想劳动、不会劳动等问题的严重性，有的父母带着孩子走进田间地头，学习农耕；有的父母带着孩子走进工厂，学习传统工艺；有的父母则带着孩子走进社区，参加公益活动，在劳动实践中培养孩子的爱心和奉献精神。

常识透视

劳动创造了社会，幸福生活建立在辛勤劳动之上，培养孩子的社会劳动能力是一种人生智慧。

1. 社会劳动涵养奋斗精神

劳动创造了美好的生活。自古以来，劳动精神就融进了中华民族的血脉之中。那些举世瞩目的伟大工程，那些改变世界的发明创造，都是中华儿女勤劳与智慧的结晶。父母带着孩子走向广袤田野，体验辛勤劳作；走近大国工匠，体会刻苦钻研；走进科研院所，感受科技创新……这些都有利于孩子涵养奋斗精神。

2. 社会劳动提升创新能力

从古时钻木取火到今朝九天揽月，从工业革命到互联网+人工智能，科技的飞速发展让劳动的内涵发生了翻天覆地的改变。面对日新月异的科技进步，新时代的劳动者不仅要爱劳动、会劳动，还要懂技术、会创新。创新源于实践。多给孩子提供生产劳动的机会，让他们产生创新的欲望，激发创新的潜能，鼓励他们大胆尝试，才能提升创新能力，培养创新人才。

3. 社会劳动培养社会意识

社会是广阔的，孩子的生活也应该是丰富多彩的。父母结合区域优势，选择适宜的项目引导孩子参与社会劳动，有利于建立孩子与社会生活、生产实践的直接联系，使他们能更好地认识社会，增强社会责任感和使命感。在劳动实践过程中，孩子学会与不同职业、不同年龄、不同性别的人交往，学会与人分工合作，体会新型的劳动关系，有助于孩子社会意识的形成。

幸福生活是奋斗出来的，社会劳动是孩子创造幸福的源泉。

经典案例

颜之推是南北朝时期著名的文学家、教育家和思想家。《颜氏家训》集中体现了他的教育思想,对后世影响深远。

他尤为重视子孙的学习,除了掌握好经学、文史外,还大力提倡博采"百家"。他要求子孙学好一切有利于生存的农工商技能,对于书法、医学、算术、射箭、音乐、绘画、棋艺等也要知晓大概。

他出身官宦人家,却很重视农业生产,鼓励子孙积极参与生产劳动,以此培养他们热爱劳动、自立自强的优秀品质。

(引自:颜之推《颜氏家训》,谭慧,译,北京联合出版公司2015年版。有删改。)

四、知书达理才能赢得尊重

(一)兴趣是最好的老师

情景再现

父亲带着5岁的孩子到郊外散步,远远看见有人在放风筝。孩子问:"他在做什么?"父亲回答:"你要去看看吗?"孩子欣然前往。

到了那儿,父亲说:"那个孩子手里捻了什么东西,你要走上去看看吗?"孩子走过去,看见小孩手里拽着一根很细的线,回来告诉父亲。

父亲又问:"你想像他那样做吗?"孩子点了点头。于是,父亲带他到街上买了纸、竹等材料,回到家中做了一个风筝,第二天一起到郊外去放风筝。

常识透视

学习是一种兴趣的培养。尊重孩子的兴趣，鼓励孩子积极追求，学习便有了不竭的动力。

1.兴趣是学习的动力

兴趣是最好的老师，对于自己感兴趣的内容，孩子总是兴致勃勃，积极主动。如果孩子有了兴趣，就会全神贯注，持之以恒。王羲之从小爱好书法，勤学苦练，最终成为大书法家；陈景润对数论有兴趣，孜孜探索，攻克了哥德巴赫猜想……孩子的成长是从兴趣开始的，要想孩子取得成功，就要从尊重和培养孩子的兴趣开始。

2.激发孩子的潜能

每个孩子都有自己独特的天赋，父母要做善于发现孩子天赋的伯乐。多元智能理论认为，每个孩子都有一种或数种智能。只要教育得法，在注重全面发展的基础上，激发潜在的智能，每个孩子都能成为某方面的人才。一般来说，孩子16岁左右，脑发育已经成熟，性格、兴趣爱好基本定型。在孩子16岁之前，顺应孩子的天赋，指导孩子在优势领域规划未来，引导孩子做最好的自己，这才是智慧的父母。

3.让兴趣转化成志趣

心理学研究表明，孩子的兴趣发展一般有3个层级：一是有趣，即对事物表现出来的直接兴趣；二是乐趣，表现为不只关注事物的表面，还能探究发现事物的内在联系；三是志趣，表现为探讨事物的本质规律。兴趣已经和个人的理想信念紧密相连，如果尊重孩子的兴趣爱好，鼓励孩子大胆尝试，引导孩子将乐趣转化为志趣追求，兴趣也就成了学习的不竭动力源。

当孩子竭尽全力追求志趣，一切皆有可能。

经典案例

丰子恺是著名的书画家、文学家、翻译家和教育理论家。他教育子女的方法独特，7个子女各有建树。

他从来不为子女筹划人生，而是尊重孩子的兴趣。孩子喜欢学什么就学什么，他从不干涉，但是会细心体察孩子的性格爱好，尽量提供学习机会。小女儿丰一吟从小喜欢京剧，他就买来旧唱片，还专门带她拜访梅兰芳。

孩子们充满好奇心，喜欢提问，他有时解答，有时引导他们主动观察和思考。有一次，孩子问："挂钟为什么会敲响？"丰子恺告诉他们钟里面有机件。可孩子们还不满足，他便直接打开挂钟后盖，指着里面的零件，仔细地讲解。

（引自：刘未鸣、詹红旗《大师们的家风·第三辑》，中国文史出版社2019年版。有删改。）

（二）审美是高级的修养

情景再现

当前娱乐业的发展和电子产品的普及，对孩子的审美造成了一定冲击，一些孩子由于过度追求流行美而陷入审美的误区。

有的孩子对某些偶像艺人近乎膜拜，盲目跟风；有的孩子参与网络直播，着奇装，化浓妆，小学生"美妆博主"频频现身网络，与年龄身份极度不符；有的孩子在语言文字上也盲目跟风，毫无营养的网络语言，在他们口里被疯狂复制……

常识透视

爱美之心，人皆有之。审美是内外兼修的学问，健康的审美是孩子人生中不可或缺的一粒扣子。

1.审美教育增长智慧

孩子对客观世界的认识是直观的、感性的，离不开具体的形象。美的事物往往能调动孩子的好奇心，更能激发他们求知的热情。在审美教育的过程中，孩子不断受到美的熏陶、艺术形象的感染和艺术技能的训练，观察力、想象力、思维力、创造力都得以提升，从而增长智慧，促进智力发展。对于孩子的成长来说，审美教育是一门重要的功课。

2.审美教育培养人格

审美教育，也是情操教育和心灵教育。早在几千年前，孔子就提出"诗书礼乐"的人文教育，强调了审美教育对于人格培养的重要意义。从本质上来说，审美教育是对孩子的人格培养，是孩子全面发展的营养基。审美教育的核心是润心，追求以美育美，以美培元，涵养高尚的情趣。父母要引导孩子正确认识美的内涵，让孩子明白，美不只是外表，不需要盲从，要塑造健康的审美观。

3.家庭是审美教育的起点

家庭是审美教育的起点，父母的审美观直接决定了孩子的审美观。父母与孩子朝夕相处，父母的生活习惯、兴趣爱好、性格品德和待人处世的方式等，都会潜移默化地影响孩子。在日常生活中，父母要善于体察孩子对美的追求，尊重孩子的爱美之心，创设必要的条件进行艺术方面的熏陶，引导孩子学会感受美、欣赏美、表现美、创造美。

健康的审美追求，是父母给予孩子最好的礼物。

经典案例

蔡元培是中国提出美育的第一人。他认为美学具有普遍性和超越性，可以消除彼此的偏见，破除利害的顾忌，应引起重视。

小女儿蔡睟盎在追忆父亲的文章中写道："父母都喜欢吟诗，时常联句、唱和，生日必互赠诗文……最让父亲欣慰的是大姐成了画家。我自幼热爱音乐，父母就带我到一位俄罗斯女教师家学琴，因为没有条件买钢琴，就到丁燮林先生家去练习。弟弟怀新擅长书画，四弟英多喜爱绘画……"

在他的熏陶下，孩子们在美育中成就了高雅人生。

（引自：蔡睟盎《慈父·良师·益友——追忆我的父军蔡元培先生》，《今日浙江》2000年第5期。有删改。）

（三）习惯是学习的罗盘

情景再现

"快去学习！"

"妈妈小时候就是这样学习的。"

"只要上了补习班应该就没问题了。"

为了让孩子好好学习，一些父母总是想方设法，或唠叨催促，或填鸭式强迫，或寄希望于补习……其实，世界上并没有所谓的最好的方法，与其苦苦寻觅最佳路径，不如培养良好的学习习惯。

常识透视

教育就是培养习惯。养成主动学习和自主学习的习惯,掌握科学的学习方法,才能帮助孩子打开知识的大门,实现自我成长。

1.主动学习最有效

态度决定一切,只有主动学习才是最有效的,任何不自愿、不用心、无目的的学习都不会有好结果。如果父母强迫孩子学习,反而会事与愿违。当然,想要孩子主动学习并不容易,需要从小点燃孩子心中的学习热情。通过志向激发、榜样激励等方式,唤起孩子主动学习的欲望,学习自然事半功倍。

2.最好的学习是自学

孩子的绝大部分学习都是自主完成的。“互联网+”时代,信息瞬息万变,人工智能的进步、经济的全球化、教育的国际化,使教育的目标和方法都发生了根本性的变革,给孩子的学习带来了更大的挑战。孩子要成为未来社会的栋梁之材,不仅要具备扎实的学识,还要学会自主学习,具备运用知识去创造性地解决问题的能力。只有具备自主学习能力的孩子,才能保持高度的学习积极性,最终学有所成。

3.拥有自己的学习罗盘

学习是讲究方法的。2019年5月,经济合作与发展组织(OECD)发布了《学习罗盘2030》,将学习框架比作一个“罗盘”,强调利用知识、技能及态度与价值观,帮助孩子在陌生环境中自定航向,找到应对不确定性的正确办法。每个孩子的学习经历不同,学习路径和速度也不同。把握自己的学习罗盘,才能适应不断变化的社会。

拥有了学习罗盘,才能轻装前行。

经典案例

顾炎武是明末清初著名的思想家、经学家、史地学家和音韵学家，他自幼勤学。

11岁那年，祖父要求他读完《资治通鉴》，告诫他不可粗浅地浏览，使他领悟到读书做学问必须认真。于是，他采用了“自督读书法”。他给自己定好每天必须读完的卷数，读完后，再把所读的内容抄一遍。读完《资治通鉴》，一部书就变成了两部书。他要求自己必须做读书笔记，写心得体会。他的一部分读书笔记，汇成了《日知录》。每年春秋两季，他都要温习前半年读的书，一边默诵，一边请人朗读，发现差异，立即核对。他限定自己每天温课200页，温习不完，决不休息。

自督读书，使他成了知识渊博的大学问家。

（引自：钱宸《赢在责任心　胜在执行力》，中华工商联合出版社2020年版。有删改。）

五、重要细节是成功的关键

（一）文明礼仪显修养

情景再现

逢年过节，亲友相聚，很多孩子齐聚一堂。有的孩子讲文明、懂礼仪，俨然谦谦君子、雅雅淑女，赢得所有人的喜爱。有的孩子则表现出蛮横无理，令人唯恐避之不及。

当今,孩子文明礼仪缺失的现象不是个例。有些孩子在家里不尊敬长辈,随心所欲;在学校不尊重他人,给同学起绰号,吵架骂人;在社会上不遵守秩序,态度蛮横……随着网络的普及,这些不文明的现象已蔓延至网上。

有人说,现在很多孩子连“对不起”“请”“谢谢”等礼貌用语都不会说了。

常识透视

文明礼仪是一个人内在修养的外在表现,彰显了家长的素质和家庭的教养,是孩子立足社会的根本。

1.文明礼仪是社会进步的载体

我国是四大文明古国之一,素有“礼仪之邦”的美誉,孔融让梨、岳飞问路、程门立雪等故事传为美谈。“修齐治平”,修身是放在第一位的。随着社会的发展,与国际接轨的步伐越来越快,必然要求人们将文明礼仪提高到一个崭新的高度。文明礼仪不是生活小节,而是一个国家社会风气的体现,是社会进步的重要载体。

2.文明礼仪是人际关系的基础

教养体现在细节中,细节彰显个人形象。当今社会,人与人之间的交往与合作日益频繁,一些看似微不足道的细节,往往会带来意料之外的惊喜。一个举止大方、彬彬有礼的人,内心一定会修睦向善,为人处世一定会以文明礼仪的标准要求自己,在与人交往的过程中必然更受欢迎,会获得更多的机会。

3.家庭是培养文明礼仪的关键

文明礼仪的培养,基础在家庭,关键也在家庭。孩子的文明礼仪习惯不是天生就有的,而是通过后天的培育逐渐养成的。在日常生活中,父母要重视培养孩子的文明礼仪修养,以礼教子,以礼育才。当然,文明礼仪的养成不是一朝一夕就能完成的,父母要以身示范,从细节入手,引导孩子从生活中的小事做起,说文明话,做文明事,让文明礼仪成为一种习惯。

文明礼仪,是最美的风景。

经典案例

杨时是宋朝的大学问家,他很爱学习,也特别尊敬老师。

有一次,他和游酢来到崇阳书院拜见程颐先生。到达书院时,他们发现程颐先生睡着了。为了不打扰老师休息,他们便恭恭敬敬地站在门外,静静地等候。

站着站着,天空下起雪来。书童请他们进屋等待,他们依然不言不动。当程颐先生醒来,发现他们站在雪中,急忙把他们拉进屋,问他们为什么不进去。杨时回答:“老师,您正在休息,怎么能惊动您呢?”

(引自:王馨《中国家风家训》,台海出版社2017年版。有删改。)

(二)勤俭节约会理财

情景再现

随着物质生活日渐丰裕,很多孩子对金钱缺乏正确的认知,养成了不良的消费习惯,花钱大手大脚,没有节制,想买什么就买什么,浪费现象随处可见。支付宝、微信等支付方式的普及,虽然便利了消费,却让一些孩子误以为钱就是手机或机器提供的,于是他们毫无顾忌地参与网络付费游戏,或在网络直播平台巨额打赏,造成严重后果。

常识透视

勤俭节约是中华民族的传统美德。从小对孩子进行财商教育,引导孩子树立正确的消费观,践行勤俭节约的传统美德,是家庭教育必不可少的一课。

1.勤俭节约是一种美德

勤俭节约是中华民族的优良传统。从古至今,我国历来倡导勤俭持家。一个人,一个家庭,一个国家,甚至整个人类,要想有所发展,都离不开节俭。无论社会如何变迁,勤俭节约的美德不能丢。家庭条件好是好事,但如果因为家庭的优渥而造成攀比、浪费,甚至丧失了学习的积极性,则是得不偿失。

2.勤俭节约是一种智慧

勤俭节约是一种理性思维,是一种大智慧。一个勤俭节约的人,一定会立足当下,着眼于未来,更加关注自己真正想要的是什么,从而设定自己的生活目标,并围绕自己的目标去合理消费。同时,他也会充分利用自己已有的资源,一步一步逐渐达成自己的目标。勤俭节约的人,往往离自己的人生目标更近。

3.财商思维需要从小培养

社会的进步改变了我们的生活方式,孩子们的消费观念也随之改变。如果父母没有从小对孩子的金钱观进行正确的引导,就会导致孩子对金钱缺乏正确的认知,对价格缺少正确的判断,不知道理性消费,甚至出现极端行为,如随意炫富、肆意挥霍、买东西一味追求名牌等。花钱是一件简单的事,也是一件有难度的事。对待金钱的态度决定了孩子成为怎样的人。在日常生活中,不妨准备一个家庭账本,让孩子参与记录收支情况,从小建立理财观。

勤俭是美德,节约是责任。财商教育,从小开始。

经典案例

司马光是北宋著名的政治家、史学家和文学家。他时常教育孩子力戒奢侈，谨身节用。

在编著《资治通鉴》时，他看到儿子用指甲抓书，便教他爱护书籍的方法：读书前，先把书桌擦干净，垫上桌布；读书时，要坐得端端正正；翻书页时，先用右手拇指的侧面把书页的边缘托起，再用食指轻轻盖住以揭开一页。

为了使儿子崇尚节俭，他特地写家书告诫儿子：读书要认真，工作要踏实，生活要俭朴，表面上看起来皆不是经国大事，实质上却是兴家繁国之基业。受他的影响，儿子司马康从小自律，以博古通今、为人廉洁和生活俭朴而享誉后世。

（引自：雅瑟、王辉《成功的中国家教大全集》，新世界出版社2012年版。有删改。）

（三）自我管理助成长

情景再现

“干什么都磨磨叽叽，越催越慢，真是皇帝不急太监急！”

“半小时的作业能拖2个小时才做完。”

“周末和寒暑假，怎么催都没用，一定要拖到最后关头才写作业。”

“催了几遍了，一直捧着手机不放。”

为了消除孩子的拖延症，父母如绷紧的弦，不停催促成了家常便饭，常常让孩子无所适从。

常识透视

教育无小事,细节决定成败。一味地催促并不能解决问题,引导孩子自我管理,养成自律的习惯,才能为孩子的成长提供助力。

1.自主权是自我管理的前提

被管束过多的孩子,自我管理能力往往相对较弱。当孩子习惯了什么都被安排以后,往往会缺乏独立性,总想着依赖别人,做任何事情都会很被动,缺乏主动思考,不懂得在关键时刻做出明智的选择,不会独立解决在生活中遇到的问题。其实,给孩子更多选择的机会,尊重孩子的自主权是孩子实现自我管理的前提。穿什么衣服,玩什么玩具,做什么游戏,读什么书,去不去郊游,参加什么兴趣班……这些看似微不足道的小事,对孩子来说都是一种选择能力的考验。会选择的孩子更有主见。

2.遵守规则的孩子更自律

尊重孩子的自主权,绝不是无原则地迁就,规则教育必不可少。父母要结合孩子的年龄和性格特点,开展规则教育,培养规则意识,引导孩子知规则,懂规则,用规则。数字时代的孩子,从小开始使用电脑、平板、智能手机,所有的生活都浸润在数字世界里。父母可以和孩子共同讨论网络游戏的利弊,制订游戏规则,如什么时间可以玩,什么条件下可以玩,什么内容可以玩,玩多长时间,不遵守规则要怎么惩罚等。通过规则约束,强化自我管理。孩子越遵守规则,就越容易自律。

3.时间管理决定效率

自我管理需要从时间管理做起。会管理时间的孩子更自律,他们会合理地安排学习与生活的节奏，作业时间、阅读时间、看电视时间、玩游戏时间、上床时间，都有合理规划。父母要适时引导孩子制订计划、执行计划，做好时间管理，在有限的时间里做最重要的事情，并随时进行反思，适时调整，更高效地完成任务。

自律是最高级的自由，优秀的人一定自律。

经典案例

徐溥是明代的大学士，也是一个极其自律的人。

在私塾上学时，他从口袋里拿出一本读物观看。老师以为是小孩的玩物，便责备他贪玩，发现是一本手抄的儒家经典语录后，不由得对他刮目相看。

为了不断检视自己的言行，他在书桌上放了2个瓶子，每当心中产生一个善念，说了一句善言，做了一件善事，便向一个瓶子里投进一颗黄豆；如果产生不好的想法，或言行出现过失，便向另一个瓶子里投进一颗黑豆。开始时，黑豆多黄豆少，于是他深刻反省并激励自己。久而久之，黄豆越积越多，黑豆越来越少。

自律，使他成为德高望重的一代名臣。

（引自：徐可夫《孩子，为你自己读书》，民主与建设出版社2018年版。有删改。）

常识七

家庭教育并非一个人的“战斗”

——整合教育力量

培养一个孩子，需要一个村庄的努力。

——谚语

孩子的成长，会受到来自家庭内外各个重要关系人物（如父母、亲朋和老师等）以及学校、社区和社会等多方面资源和复杂因素的影响。

为了让孩子真正成人成才，有的家长会尽力去抓住出现的机会，用好身边的资源；有的家长努力为孩子创造自己主观理解的更好的教育条件，获取更优的教育资源……似乎，很多家长都有相同的感受：自己正身陷一个人战斗的疲惫之中；自己在家庭生活与复杂关系的双重压力下，正处于无力改变的迷茫之中……

如何消解疲惫，走出迷茫？

研究认为，家长应从家庭内部、成长伙伴、家族亲缘、家校合作、社会资源等5个方面，全面了解影响孩子成长的重要力量及其功能常识，然后联系自己的家庭角色、家庭状况、社区环境、家校关系，“代入”自我，对照思考。这样有助于拓宽家庭教育的视野和思路，打开一扇助力孩子更好成长的窗口，走出无奈无力的困境，增强家长“整合力量”开展家庭教育的实践能力。

一、家庭团结，力量统一

（一）夫妻齐心，其利断金

情景再现

电视剧《小丈夫》为我们呈现了一户姓陆的家庭：面对儿子小贝的无所事事，小贝爸很愤怒，抱怨错生了这个“狗崽子”，要骂要打，甚至要将他赶出家门、断绝关系；小贝妈则坚决“护崽”，坚称“你要敢动我的儿子，我和你没完”。冲突中，小贝离家出走，小贝爸不管不顾，小贝妈伤心欲绝，小贝姐连夜寻找……

常识透视

现实中，有的父亲强势而粗暴，有的母亲宽容但溺爱，有的父母甚至认为就是要“一个唱红脸，一个唱白脸”。如果我们的孩子长期处于这种场景中，会怎样呢？危害性显而易见：孩子无所适从、情绪不稳，甚至可能留下心理阴影。

1.核心家庭，优劣并存

由父母与未婚子女两代人组成的家庭称为“核心家庭”。核心家庭只有两代人，成员较少，关系简单，亲子互动的机会更多，物质投入自主集中，共同家务更能培养生活技能、劳动习惯、家庭责任，教育优势明显。但恰恰也因为家庭成员少,结构关系简单,核心家庭一旦在子女教育上出现失误,就难以有其他家庭成员替代弥补,不良后果也很严重。

2. 思想原则,需要一致

不可否认,陆家父母都是爱儿子的,但一方"不尊重",一方"太溺爱",而且双方"不统一"。家庭教育中要遵守统一性的基本原则,要求父母在教育的思想、目标、态度、行动上要统一,言行一致、前后一贯。所以,整合力量必须夫妻齐心、通力合作,而且母教、父教都不可缺失。

3. 整合力量,优化关系

家庭关系表现为家庭成员之间人际互动或沟通联系的方式和效能。核心家庭中最基本的就是夫妻关系与亲子关系。关系不良,必然严重影响家庭和谐与家庭教育。一定程度上,家庭内部整合教育力量,首先要重视优化关系,尤其要从夫妻关系、亲子关系着手做起。

经典案例

钱学森、蒋英夫妇是一对风雨同舟、携手并肩的恩爱夫妻。钱老捧回大奖时,曾对夫人开玩笑说:"钱归你,奖(蒋)归我。"他俩从来没有给孩子上过"政治课",也从来不会跟孩子说你要这样或者不要那样,而是夫妻一致,共同用做人做事的方式自然而然地影响孩子。他们的儿子钱永刚、女儿钱永真就是在这样的家庭氛围和良好关系中耳濡目染,成长成才的。可以说,他们在"不教"中实现了最好的家教。

(引自:赵华伦、汪清秀《中外名人经典家教故事》,金盾出版社2013年版。有删改。)

(二)祖辈父辈,各就各位

情景再现

正上三年级的小宝回家就向外公、外婆要手机玩,外公推脱说手机在另一个小区。小宝向外公逼要钥匙,准备去找,外公不肯,小宝不依不饶,外公怒而准备动手。哪知小宝大哭大闹,外婆见势不妙,赶紧掏出自己的手机,安抚小宝说那就玩一会儿吧……这一幕恰好被下班回来的小宝妈妈撞见,于是一场母女冲突又起……

常识透视

1.主干家庭,有何优势

主干家庭中祖辈老人阅历丰富、勤劳质朴,在分担家务的同时还能照料孩子,也能充分接触和了解孩子,可以弥补双职工父母在教育子女上时间精力的不足。孙辈要扮演多种角色,同两代长辈打交道,从而培养多重角色意识、孝老爱亲品德,以及人际适应与交往能力。

2.主干家庭,面临挑战

主干家庭关系复杂,也容易出现问题和矛盾。一是“隔辈亲”迁就溺爱,容易消解教育的积极作用。若出现“妈妈生,外婆养,爸爸回家就上网”的现象,还会导致亲子关系淡漠。二是父辈与祖辈之间由于存在代沟,容易在教育思想、方式方法上出现不一致,既削弱教育效果,又影响教育威信。如果婆媳之间或者翁婿之间常有矛盾,则紧张气氛带给孩子的不良心理刺激,对其成长更为不利。

3.家庭角色,需要学习

家庭角色,可以理解为个人在家庭中被赋予的身份,以及该身份应该发挥的作用。面对新时代的孩子,作为父母、祖父母或外祖父母,该做什么,不该做什么,又该怎么做,这些角色与功能,都需要不断学习,并在学习中与孩子共同成长。

主干家庭中,特别需要家庭成员各自领悟自己的角色职责,互不缺位,互不越位,各就各位,默契一致,和谐包容,家庭教育才能充分互补,形成合力。

经典案例

宋菲君先生是研究光学的物理学家,同时也是丰子恺先生的长外孙。高一时,他兴奋地告诉外公自制简易望远镜观测星空的事,丰子恺听得兴致勃勃,为此还专门作了一幅画并题字:“自制望远镜,天空望火星,仔细看清楚,他年去旅行。”宋先生回忆道,外公“从来不替孩子规划,但不等于他不关心,他是在细心观察、琢磨这个孩子的特长和爱好”。而那幅朴素可爱的小画,就像一把为他开启理想大门的钥匙,对他后来选择科学道路产生了深刻影响。作为与丰子恺先生相处最久的孙辈,宋菲君还完整接受了被丰家称为“课儿”的古诗词启蒙教育,深受外公教育子女、教育孙辈的风范影响。

(引自:张玉瑶《丰子恺的“课儿”》,《北京晚报》2022年3月18日第17、18版。有删改。)

(三)结构残缺,功能不缺

情景再现

星星还在嗷嗷待哺时,父母就远离家乡,到遥远的城市谋生糊口,很多时候他只能从电话声中、聊天视频中，才能感觉到父母的存在。当别的孩子都在享受父母浓浓爱意的时候，他被留在家里，孤独地像荒草一样生长，社会给他这样的孩子起了一个酸楚的名字：留守儿童。

常识透视

1.影响危害

父母离异或者外出务工，祖孙留守，都会造成一定时空内的家庭结构残缺、亲子分离。这种变化如果处理不好，教育无力，很容易导致孩子情绪动荡，或者悲观消极、内向孤僻，进而出现行为问题与心理问题，将严重影响孩子健康成长。

2.本质所在

国外研究表明，家庭残缺对子女的影响程度取决于父母对孩子的支持程度、内部矛盾大小及家庭贫困程度。一些离异家庭或留守家庭的孩子，品德、学业同样出色，背后往往包含着父母双方对孩子的竭力关爱与共同教育，甚至双倍努力。相反，一些结构完整的家庭，相互推诿、情感不和、矛盾重重，对孩子的伤害更深。因此，家庭结构是否缺损只是表层现象，关系不良与功能缺失才是深层本质。

3.解决之道

一位心理学家说："离了婚的父母，虽然已经不是夫妻，但最好的办法是继续做孩子最好的父母。"分居或者离异的父母，仍然应当相互配合、共同履行家庭教育的法定责任，不能推诿或怠于履行，更不能拒绝或阻碍履行。委托他人照护孩子的，应当与被委托人、孩子经常保持沟通联系，主动关心孩子的学习、生活和思想、心理健康。当然，还包括积极主动与学校、教师保持沟通联系，多方共同履行教育责任。同时,万万不可把分歧指责带到对孩子的教育中。只有这样,孩子心中的缺失与裂痕才能得到一些弥合。

经典案例

洪亮吉,清朝著名的经学家和文学家。他5岁时,父亲就去世了。为了维持一家人的生活,母亲蒋氏常常不辞辛苦地织布至深夜。虽然家境贫寒,但母亲仍把他送去学堂读书,而且没有放松对他学习的要求。每天放学回来,她都要求洪亮吉对着自己背新学的课文,遇到有错漏的地方,还常常细心地指出,帮助他更正。

洪亮吉深知母亲的生活之难与期望之深,所以读书也非常刻苦。幼年时的坚实根基,少年时的勤奋刻苦,都促成了洪亮吉后来学术上的硕果累累。

(引自:孙一博《名人家教:120个影响世界的中外名人家教成功案例》,哈尔滨出版社2009年版。有删改。)

二、同伴群体,巧妙借力

(一)同伴交往,相当重要

情景再现

一天早上,正在上初二的小郭突然对父母宣布:他不去上学了!父母一脸震惊,茫然无措。原来,自从上初中后,小郭就一直没有融入新的班集体。他没有伙伴,也加入不到任何一个有共同话语的圈子。班里同学也觉得他沉默寡言、表情冷漠,不关心他人,也不参加活动,叫他他也不太答应。就这样,同学便不和他往来,他也独来独往,形单影只。

常识透视

上述情景中,小郭活在自己的世界里,几乎成为一座"孤岛":没有同伴的相倚,没有群体的接纳,没有依恋感与归属感,当然也体验不到存在感和价值感。

1.何为同伴

同伴是指社会地位相同,能在工作或生活中共同活动的人。对于孩子来说,是行为复杂程度相似的个体,是能够共同活动、有所互动的同龄人。相比父母与儿童的互动,同伴互动最典型的特点是地位和权利相同,随时可以相互对抗竞争,如果希望友好相处或者实现共同目标,就必须学会彼此理解、相互妥协、协商合作。

2.同伴交往的重要性

首先,同伴交往可以满足"关系需要",这是人的基本心理需要之一。对孩子来说,同伴关系是爱、亲密和可靠的同盟,可以获得归属感和包容感,能够提供适宜的帮助,具有陪伴抚慰和增进价值感的作用。

其次,同伴交往有助于发展社交能力。孩子在不同年龄的同伴交往中学会尊重、顺从、求助等社会技能,学会同理、同情、关怀等亲社会行为,同时避免疏离社会或反社会的行为,是孩子健康、正常地融入社会的必要保证。

最后,积极的同伴交往有利于孩子的自我认识和人格发展。这就如同一面镜子,提供了孩子认识自我的机会,并从中获得评价,可以促进孩子从他律到自律的发展。积极的同伴交往,还会让孩子获得关注和赞赏,从而增强自信。

正如古人所说“人生得一知己足矣”，孩子成长路上拥有好的同伴，甚至“灵魂伙伴”，将是一种非常重要的心理依托与合力资源。

经典案例

朱熹，我国南宋时期著名的思想家、教育家、诗人。他鼓励儿子要广交朋友，并告诫儿子说：“那些阿谀奉承、粗野傲慢、不学无术、奸诈狡猾之人是对你有害的，跟这些人在一起不是被带坏，就是他们会害你，所以此类人你最好不要亲近；而那些谦逊谨慎、敦厚老实、有责任感、讲信用之人则是你可以交往的朋友。”

儿子问：“那么麻烦，我可以不交朋友吗？”朱熹立刻制止道：“那可不行，你不能将自己孤立起来，否则，你以后就没有可以谈心之人，也没有人可以帮助你，这对你以后的发展是极为不利的。做事不要走极端，要懂得分辨是非好坏。”

（引自：孙一博《名人家教：120个影响世界的中外名人家教成功案例》，哈尔滨出版社2009年版。有删改。）

（二）见贤择善，规避“冰山”

情景再现

“千里难寻是朋友，朋友多了路好走……”是毛阿敏《永远是朋友》里的歌词。随着孩子逐渐长大，许多家长也渐渐有些担心了，怕孩子交到一些调皮的朋友。有的家长甚至说，不要跟成绩不好的人玩。那么，我们到底要不要干涉孩子交朋友呢？

常识透视

1.近朱者赤,近墨者黑

上述情景,正是对同伴交往社会化作用的形象描述。在社会化过程中,孩子会通过模仿学习、主观认同、角色扮演、自我强化等方式,将社会目标、价值观、行为规范和行为方式内化为自身稳定的人格特质和行为模式。在此过程中,榜样崇拜或偶像崇拜是不可避免的一种心理现象,青少年正是在同伴交往中找到榜样、形成态度,并内化为价值观的。有样学样的积极作用与消极作用可能是并存的,因此家长的担心并非完全没有道理。

2.三人行,必有我师焉

同伴互动总是在一定社会生活情景中发生的,只有鼓励交往才能学会交往,与其简单隔绝、粗暴干涉,不如引导孩子形成准则。所谓“见贤思齐焉,见不贤而内自省也”,与“三人行,必有我师焉;择其善者而从之,其不善者而改之”有着异曲同工的意思。孔子的这两句话,很有启发,关键在于“善”与“不善”、“贤”与“不贤”。家长要逐步引导孩子学会判别、思“齐”向“善”,好朋友、好伙伴就会成为孩子成长的合力之一。

3.圈子团体,扶正祛邪

非正式群体,可以通俗地理解为不定员的伙伴们在交往活动中自发形成的“小圈子”或“小团体”。它大致在小学中、高段正式出现,在中学尤其是初中阶段广泛存在,其成员因为各种相似属性而时常聚在一起,存在一些共同奉行的价值取向、思维模式与行为方式,彼此间有着深刻影响。这种小圈子,可能是孩子们友谊航程中的“风景”,也可能是“暗礁”“冰山”,需要家校共同引导、借力扬帆,使之朝正向发展。

经典案例

孔子对交友非常重视,他教育孩子与弟子,要交有益的朋友,不要交有害的朋友。他说:“有益的朋友有3种,有害的朋友有3种。与正直的人交朋友,与诚实的人交朋友,与见闻广、知识渊博的人交朋友,是有好处的。与虚伪做作的人交朋友,与谄媚逢迎的人交朋友,与巧言令色的人交朋友,是有害的。”

(引自:丁地树、邬兴本《古今中外名人和名人长辈教子故事精编》,中国和平出版社2011年版。有删改。)

(三)大小同胞,团结关照

情景再现

在央视播出的一期《博乐先生微逗秀》中,当父母问到“爸爸妈妈再给你生一个弟弟或妹妹”的问题时,一些小孩的态度十分鲜明,有难过的:“不好,我想让你们把爱都给我”;也有大发雷霆的:“哼!我要离家出走,你和弟弟妹妹过吧!”;更有扬言生下来就要把弟弟或妹妹扔进河里的……萌娃们的回答看似令人捧腹,实则让父母扎心。

常识透视

1.多子女家庭的同伴作用

多子女家庭曾经是我国家庭的常态,如今随着二孩甚至三孩生育政策的放开,兄弟姐妹又将成为孩子成长过程中的重要同伴。

一个家庭从一个子女到两个子女，纵向上要增加多对辈分关系，横向上将增加孩子间的手足同胞关系。孩子可能由此获得更多的归属感与安全感，有助于发展社会生活能力与人际互动能力，也更易了解社会评价标准与自身角色定位，有利于儿童的自我认知与人格发展。研究表明，哥哥或姐姐作为稍微年长一些的同伴，很容易成为同性别年幼弟妹的模仿对象，如能发挥榜样作用，无疑会对弟弟妹妹的成长产生积极影响。

2. 多子女家庭的同伴挑战

但从《博乐先生微逗秀》的视频片段来看，多子女也给教育力量的整合提出了新挑战。这是因为当下生二孩、三孩的父母多数就是“独一代”，他们本身没有与兄弟姐妹共同成长的经历，更没有养育二孩甚至三孩的经验。再者，已经生养的第一个孩子原本享受的是阶段性“独生子女”生活，其优势地位很可能发生动摇，因而容易产生焦虑与排斥。

3. 多子女家庭的同伴平衡

多子女家庭中，父母务必智慧地平衡孩子间的关系，促进他们友好团结互助、彼此分享宽容，挖掘相互学习的资源与自我教育的潜能，他们才能在良性的同伴互动中健康成长，否则将不能充分发挥同伴互动的作用，反而会出现更多负面效应。但挑战与机遇往往是并存的，关键在于父母如何扬长补短。

经典案例

刘时粘家庭，是湖北省阳新县兴国镇的一户人家。虽然家里条件不太好，但他们在4个子女的养育过程中非常注意平衡与调节孩子之间的关系。当年困难时，孩子们出于对别的兄弟姐妹的考虑，不同程度上都放弃过一些读书或进修的机会，但始终没有放弃积极进取。现在他们的4个子女都很出色，出了多个博士，虽然分居在国内外不同地区，却时常保持联系，有机会就和老人重聚，有事也常常交流、彼此关照，兄弟姐妹感情融洽，十分团结。

（引自：中共中央宣传部宣传教育局《最美人物·2015》，学习出版社2016年版。有删改。）

三、家族亲缘，力量资源

（一）家族先贤，榜样领先

情景再现

老张和小张，从二人各自考上师范院校，外出求学的那天起，他们就都成了族人与乡邻们谈论推崇的榜样。后来，他们先后到了同一所中学担任教师，并逐渐成长为业务骨干，各自的亲戚都把小孩托付给两位张老师，在他们任教的学校代为管教培养。两位张老师的多名侄儿侄女在他们的教导下学有所成，如今事业有成，成就了一段又一段佳话。

常识透视

1.家族文化有价值

中华传统文化深受家族文化影响，是随处可见的。我们在外遇到同姓的人，总要理一理家谱、论一论辈分，就是生动的体现。这就不难理解本家同姓出现一位杰出人物时，我们心中那种油然而生的自豪感与崇敬感了。整合家族教育力量，要明确家族文化的关键价值：一是强调凝聚亲情、和谐团结，二是强调承前启后、延续传承。这两点对于教育后辈相互扶助、建功立业，是具有积极作用的。

2.家族内部树榜样

由于特殊的血缘亲情与文化认同，如果在家族亲人中有德才兼备、事业有成或德高望重的贤达能人，势必可以对孩子的成长产生积极影响，一方面可以借此为孩子树立榜样，另一方面也可以在关键时刻找到求助对象。这种榜样近在身边，影响足够当然更好，但要注意榜样形象的树立，一定是因为榜样本身的德才与成就能够令人敬佩，激发动力，而不能像商业包装或媒体炒作制造出的一些偶像。

经典案例

苏轼，北宋著名文学家、书画家。苏轼无疑是苏氏家族的贤达榜样之一，他的家风源于曾祖父苏杲、祖父苏序的“扶危济困”。他继承了父亲苏洵的“诗书传家”“志存高远”，在此基础上，展现了读书正业、孝慈仁爱、为政以德之风。

苏轼在许多诗文中，也向子侄们传授做学问的心得，要他们多读史书，从中得到教益；要他们为学不要“趋时”，不要只是将其作为取得功名的手段。在苏家先贤前辈的影响下，苏门子弟大都养成了优良的品格。

（引自：黄婷婷《读书正业　志存高远——苏轼家风》，《中国组织人事报》2020年5月13日第8版。有删改。）

(二)家规家训,扬弃继承

情景再现

1935年,钱学森赴美留学时,父亲钱均夫这样训诫他:“人,生当有品:如哲、如仁、如义、如智、如忠、如悌、如教!吾儿此次西行,非其夙志,当青春然而归,灿烂然而返!”

不仅如此,钱氏家族每有新生儿诞生,就要全家人一起恭读《钱氏家训》,直到近代。钱伟长先生曾说:“我们钱氏家族十分注意家教,有家训的指引,家庭教育有方,故后人得益很大。”

常识透视

1.什么是家训

家训是指家庭对子孙立身处世、持家治业的教诲。家训是一个家庭,甚至是一个家族的重要组成部分,对族人的教育有着重要的约束作用。家训或单独刊印,或附于宗谱。在我国古代,作为一种家庭教育的形式,它是维系和发展一个家庭不可或缺的精神纽带,在我国传统文化中占有非常重要的地位。

2.作用与传承

中国历史上,家训在关于个人修身、齐家的问题中扮演着十分重要的角色。一些家谱家训,记载着不少治家教子的名言警句,成为大家倾心效仿的治家良策和“修身”“齐家”的楷模。如诸葛亮《诫子书》、颜之推《颜氏家训》、司马光《温公家范》、袁采《袁氏世范》、朱柏庐《朱子治家格言》等,都是历史上著名的家训。

一部好的家训，往往铸就了一个家族的传奇，也可能成为传统文化中的精神财富，为每一个普通家庭提供可以借鉴的传家密码，而关键就在于为我所用、扬弃继承。

经典案例

2014年5月被提名为“全国最美家庭”的贺俊花家庭，是一个四代同堂的大家庭，建立“家庭奖学金”制度长达17年，每年都有一个特定主题，激励孩子健康成长。贺俊花家庭还形成了自己的家训：“做人要诚，处事要公，为官要清，为子要孝，兄弟要亲，邻里要和，勤俭持家，自强自立”。他们以此来培养子女成为对社会有用的人才。目前，贺俊花的这个大家庭里，已经培养出了多名本科生和研究生。

（引自：中共中央宣传部宣传教育局《最美人物·2015》，学习出版社2016年版。有删改。）

（三）优良家风，化雨春风

情景再现

某户人家有个说“谢谢”的传统习惯，就算是夫妻之间、长幼之间，请对方做件小事、递个东西，都要说声“谢谢”。如今家中两三岁的小孩，都会说“谢谢”了，出门乘车、市场买菜、医院看病……他都不忘跟人家说一声“谢谢”，人家感到惊喜的同时，也对他赞誉有加，小孩子也感受到了礼貌带给他人的快乐。

常识透视

1.领会何为家风

“家风”又称门风，可以理解为家之风气、家之传统、家之文化，指的是家庭或家族世代相传的道德风尚、生活作风。

2.注重家风的形成

传统作为一种行为方式，被人类世代继承，是从过去一直持续至今的东西；没有经过长期的过滤沉淀，就无法形成传统。家风，作为家庭或家族的某种传统，也是长期汰选、沉淀下来的成果。家风这一传统，不一定需要刻意教授，而是一种注重身教影响、通过耳濡目染就能获得的精神气质，是一种家庭性格的体现。

3.发挥家风的作用

家风作为一种精神力量，作为家庭中长期孕育而成的道德氛围与文化传统，一经形成就会成为重要的教化资源，对家族子弟、家庭成员都有着巨大的感染力和约束力。好家风不仅可以从思想道德方面对家庭成员进行约束，还可以督促家庭成员处于文明、和谐、健康的状态，并让他们在上进的氛围中不断成长。应该看到，家风也有好坏优劣之分，我们要注重继承家族优良传统，进一步形成优良家风，充分发挥家风的教化与约束作用，才能凝聚家教合力，形成家庭美德。

经典案例

我国著名画家、美术教育家李苦禅跟儿子李燕分享自己的从艺经历时，曾这样说道：“我有个从艺的‘好’条件——出身苦，但我又不怕苦。年轻的时候，我每每出去画画，一画就是一整天，口袋里带上一块干粮，再向当地的老农要根大葱，就算一顿饭啦！""所以，从艺的道路就像孟子说的那样'必先苦其心志，劳其筋骨，饿其体肤'，然后才能'增益其所不能'啊！"在这种"吃苦"家风的熏陶下，李燕对艺术的追求也变得愈发坚定起来，常常不顾风吹日晒，跋山涉水坚持野外写生，最终取得了出色的艺术成就。

（引自：王占伟《跟55位名人学家风家教》，中国纺织出版社2019年版。有删改。）

四、家校共育，主动协作

（一）家校同盟，和而不同

情景再现

近年来，有关"家校矛盾"的报道频频见于媒体。其中，有家长认为，学校、老师很强势，把家长呼来唤去，给其布置种种任务；也有老师认为，家长当甩手"掌柜"，"甩锅"给学校，把学校当"托儿所"或者"无限责任公司"……

常识透视

1.各有侧重，有所不同

当前，构建学校、家庭、社会三位一体的"大教育"体系，已是大势所趋。学校成为继家庭之后儿童社会化的第二个关键场所，但学校教育与家庭教育又有所不同。

一是内容不同：学校教育重在传授知识技能、培养理性能力、养成理想情操；家庭教育重在养成习惯性格、培养生活能力、形成道德倾向。二是方式不同：学校教育是集体教育，在班级环境中训练与生成；家庭教育是个别教育，在示范带动下服从与习得。三是特点不同：学校教育是有目的、有计划、有组织的，专门建构的共性教育；家庭教育是随机的、亲情的、不断启蒙又不断发展的个性教育。

2. 和而生力，当为同盟

由上述分析可知，学校教育、家庭教育是互不可缺、互不可替的，不是割裂分离、相互对抗的，必须协调合作，才能优势互补。有的家长把孩子扔给学校就撒手不管，或者把孩子接回家，脱离学校自己教，无论哪种方式，对孩子的成长都是“硬伤”。同时，双方的责任与目标都是为了孩子的成长、成人、成才。就此而言，家、校之间应当订立契约、结成同盟，努力做到权责分明、角色清晰，双向奔赴、和而生力。

经典案例

湖南省的贺秀英、黄忠何家庭，是一个温馨幸福的普通家庭。他们夫妻都是高中教师，但他们对儿子的功课没有过多辅导，而是十分注重家校共育。

他们始终认为，教育孩子不仅仅是学校单方面的事，只有家、校紧密协作，才能取得满意的效果。儿子的家长会他们极为关注，孩子高中三年的家长会，他们每次都按时参会，并做好记录。会上，他们主动与老师交流，详细了解孩子的情况。会后，他们会主动与孩子沟通，共同分析哪些做得不错，哪些有待改进，为孩子明确下个阶段努力的方向。正是因为悉心共育，他们的儿子品学兼优，并以高分被清华大学录取，全家也成为当地小有名气的“优秀学习型家庭”。

（引自：伍洁《“四个注重”育英才——记“全国最美家庭”贺秀英家庭》，《邵阳日报》2021年1月13日第3版。有删改。）

(二)伙伴关系,互补相倚

情景再现

某小学一位女教师正在上课,一位家长忽然冲进教室,气势汹汹地责怪她教育教学方式不当。无独有偶,前段时间某新闻曝光,几十名家长联名签署请愿书,要求学校劝诫另一名孩子转学。

常识透视

上述冲突背后,隐藏的往往是角色、关系、沟通等多方面的问题。

1.角色错位须调整

一些家长或把自己当行家,对学校教育横加干涉、指责,或者把"知识学习"放在家庭教育的首位,忽略对孩子道德品行、生活能力、劳动习惯的培养。另一方面,学校教师又费时费力去组织活动,培养孩子的生活能力、生活习惯,甚至叠被洗衣。双方角色错位,扬短避长,相互抱怨指责。这就需要双方强化角色定位,各司其职,认真履行自己对孩子的教育职责,既不能推卸指责,也不能独自包揽。

2.家校关系如伙伴

因为教育目标是一致的,所以家庭教育与学校教育其实是从不同场景、不同内容、不同角度培养青少年儿童的合作"伙伴"。伙伴之间要换位思考才会相互理解、彼此信任。家长和教师以孩子个体与群体的健康发展为核心,建立起良好的伙伴关系,合力才会增强。

3.沟通顺畅两相倚

涉及孩子的问题，如果双方立场不同就可能出现沟通障碍。沟通有4种类型：第1种，是无效的“假”沟通，彼此都不接收对方的信息，只强调自己的计划；第2种，是单向式沟通，仅有一方根据对方的信息做出反应，而对方只强调自己的计划；第3种，是反应性双向沟通，双方都放下自己的计划，只根据对方的信息做出反应；第4种，是相倚性双向沟通，双方都根据对方的信息做出反应，同时调整自己的计划。家长与教师之间相互尊重，不搞背离对抗与单向支配，实现反应性或相倚性的双向沟通，就能更有效地发挥教育合力。

经典案例

唐太宗李世民非常尊师重教，也教育自己的儿女一定要尊师重教。贞观三年，皇太子的老师李纲的脚患有疾病，不能穿鞋，行走不便，李世民便让人用轿子抬着李纲进宫，并令皇太子搀扶着老师进殿，他则亲自出来迎接。李世民之所以给李纲如此高的礼遇，就是想用自己的行动告诉太子，李纲是一个值得尊敬的老师。这一举动，达到了无声胜有声的沟通效果与榜样作用。果然，李纲为太子讲授礼仪时，讲得道理中肯、言辞恳切、慷慨激昂；太子深受感染，不禁对老师肃然起敬，学习也更有兴趣，更加用功了。

（引自：孙一博《名人家教：120个影响世界的中外名人家教成功案例》，哈尔滨出版社2009年版。有删改。）

(三)融入参与,获得指导

情景再现

某小学举办了一场别开生面的家长会。老师让孩子在黑板上写下最想对父母说的心里话,然后让家长来猜哪些是自家孩子写的。这些心里话,有对父母表示祝福的,有对父母表示感谢的,还有对父母的吐槽,提醒父母不要如何如何的。

常识透视

上例改变了“开个家长会,目的就收费”的刻板印象,也从侧面反映出家庭教育亟需指导的现状。

1.家长需要指导

父母不是职业,未经系统培训,无法实验实习,没有执业考核,就已匆匆上岗、进入角色。家庭教育要符合教育规律、适应社会要求、适合孩子个性,并与学校优势互补,其实是很难的。不闻不问不行,仅凭经验不行,只有边做边学或提前学习才行,因此家长需要学习、需要指导。

2.依托学校指导

学校是专业化的教育机构,具备相应学习条件、活动场所,具有专业的师资队伍和比较规范的管理,在教育规律的把握上具有相对专业性,绝大部分家长愿意在学校的指导下调整自己的家庭教育行为。学校同时又是凝聚力很强的机构,比较容易把家长组织起来,因而具有许多其他组织无法比拟的优势。因此,家长整合教育力量,应留心从学校获得家庭教育指导。

3.如何获得指导

一是重视老师的电话、家访与家长会,主动与老师保持有效沟通和情感交流,可以获得经常性的家庭教育指导;二是参加学校的讲座报告,可以获得专题性的家庭教育指导;三是融入家委会、班级服务活动中,可以体验到更多场景的家庭教育指导。把握机会,多路并举,我们就会在家庭教育的观念认识、资源内容、方式方法等方面得到进一步优化。

经典案例

小李的父母一直揪心读五年级的孩子在校表现不理想,成绩较差,上课不专心,与同学相处也不太融洽,但他们又不知道如何有效地帮助孩子。

学校了解情况后,主动联系了他的父母,建议他们改变自己的教育方式,同时,学校还为他们提供了如何培养孩子学习习惯、提高学习效率的方法。在学校的指导下,小李的父母开始与小李一起制订学习计划,花更多的时间陪伴孩子完成学习计划,更加关注孩子的情感需求,倾听他的想法和困惑,给予更多的鼓励和支持。

渐渐地,小李的学习态度发生了明显改变,开始认真对待学习,上课也更加专注,并且学会了与同学合作和相处,成为班级中受欢迎的一员。

五、社会支持，助力成长

（一）走出家校，走向社会

情景再现

我国西北的一个贫困山村曾出现过一个“羊孩”：因母亲去世过早，父亲智力低下，年迈的奶奶白天下地干活，就把孩子用绳子拴在院内的树上，与一只山羊为伴，直到晚上回屋吃饭、睡觉……后来，在好心人的帮助下，羊孩“拴拴”（化名）才被送进专门的社会福利机构，从头开始进行语言康复学习。

常识透视

拴起来的“羊孩”，是社会隔离环境下，非正常养育的极端典型，好在后来得到了社会力量的支持帮助。

1.教育离不开社会

人是社会的成员，只有在社会中才能正常发展。人脱离社会就无法进行正常的生活，在语言发展、思维发展、社会属性上都无法成为真正意义上的人。从原始社会到奴隶社会，人类从劳动中站起来，教育活动的最初形态就是从社会背景中开始的。到了工业化、信息化的近现代，人的发展更离不开社会背景与社会实践。陶行知先生提出“生活即教育”，我国的教育方针也强调“教育必须与生产劳动相结合”。所以，家庭教育融入社会资源和社会力量，必然大有可为。

2.什么是社会教育

社会教育有广义和狭义之分。广义的社会教育，是指与学校教育、家庭教育并行的，影响个人身心发展的社会活动。狭义的社会教育，是指学校和家庭以外的社会文化机构及有关的社会团体或组织，对社会成员所进行的教育。当前，许多家长热衷于给孩子报的各种辅导班、培训班，其实是狭义社会教育中一个更加狭小的范围。

3.报班热潮的背后

社会教育本是家庭教育与学校教育的延伸补充，具有独特的作用。但当下报班热潮的居高不退，反映出社会教育的窄化与异化。一方面是部分社会培训机构推波助澜所致；另一方面，部分家长望子成龙、望女成凤，碍于“面子”，不顾孩子的身心特点与教育规律，盲目攀比。还有部分家长缺乏对孩子的深刻了解和教育常识，面对教育焦虑无所适从，在群体压力下随波逐流、盲目从众。其中的攀比与从众，是尤其需要家长冷静思考的两种心理现象。

经典案例

台湾著名作家刘墉，育有一对子女，儿子刘轩，女儿刘倚帆。在刘墉看来，父母对孩子的爱不是为他包办一切，而是要放手让他自己去做，亲身体会各种滋味。有一年暑假，本想在家享受的刘轩，在爸爸的硬性要求下，找了份擦车的工作。他顶着酷暑，穿着宽大的工作服，汗流浃背地清洗车子，一天下来，累得腰酸背疼。攥着薄薄的几张票子，刘轩真切地感受到，钱是如此来之不易。暑期工作，社会实践，不仅让刘轩彻底理解了爸爸的良苦用心，而且带给了他深刻的人生体验，使他开始懂得珍惜生活。

（引自：丁地树、邬兴本《古今中外名人和名人长辈教子故事精编》，中国和平出版社2011年版。有删改。）

（二）丰富资源，善加利用

情景再现

孩子的班上要搞一次亲子研学活动，大家正愁没有好的地方可以选择，班级群里一位家长突然冒泡说：“可以去市郊的恐龙地质公园啊！那里既有远古地层留下的化石，又有近代人类活动的遗迹……”

常识透视

只要我们融入社会，就会发现这里天地广阔、教育资源丰富。

1.从表现形态看

从形态看，社会中有着方方面面的资源可供我们发掘整合。一是自然资源：祖国的山川湖海，农村的田间角落；二是社会资源：民族的悠久历史、祖国的伟大成就、建设的如火如荼、人际的美好无私；三是科技资源：科技信息、科研成果、技术挑战；四是艺术资源：城市的广场、雕塑，乡村的风车、建筑，各种各样的文艺作品。这些都可以成为影响孩子成长的鲜活素材。

2.从场所组织看

从组织机构看，各地的图书馆、文化馆、体育馆、美术馆、科技馆、天文馆、展览馆、博物馆、纪念馆，各种主题文化公园、爱国主义教育基地、研学旅行实践基地等众多场所，以及民政、妇联、关工委、少年宫、青少年活动中心、社区教育学校等组织机构，都包含着各种教育元素，有待我们善加整合利用。当然，我们也要明白，电子游戏室、台球室、网吧、舞厅、麻将馆等，是未成年人不能出入的场所。

3.从人员力量看

整合社会教育资源，还要明了各种可以依靠的人员。比如：关工委的热心长辈，社区的各级领导，小区的物管，街头的城管巡防，公检法、市场监管、银行、超市、商店的工作人员，友好的邻居等，如果共同关心下一代的健康成长，发挥积极影响，都可以成为我们的支持性力量。

经典案例

祖冲之，是我国南北朝时期的著名数学家、天文学家。他小时候十分贪玩、不爱读书，常常被望子成龙的父亲祖朔之责打训斥。他的爷爷祖昌，是当时朝廷管理土木工程的高级官员。祖昌觉得儿子的教育方法不对，告诫儿子说："他待在家里读书不行，就不能换个途径吗？难道非得读经书才有出息吗？"

从那以后，祖昌就常常把孙子带去工程现场。孙儿对各种建筑、田野村庄和大好河山，都表现出浓厚的兴趣，尤其对天文学知识特别喜欢。于是，祖昌带着孙子拜访了天文学家何承天，学习了很多天文知识。祖冲之后来在科学方面的成就大大超过了祖辈和父辈。

（引自：丁地树、邬兴本《古今中外名人和名人长辈教子故事精编》，中国和平出版社2011年版。有删改。）

（三）传媒网络，过滤负面

经典案例

前些年，小学生模仿"吃鸡"游戏跳伞坠楼，男童模仿"灰太狼烤羊"将同伴烧伤，类似的事件不时引发关注；近年来，某某青少年因为沉迷手机游戏或短视频与家长产生冲突，引发高空坠楼的事件，也屡见不鲜。

常识透视

随着人类进入数字化信息时代，孩子们一出生，就生活在信息与传媒的包围中，他们从中获得放松，也从中受到教育。

1. 大众传媒，积极作用

所谓大众传媒，是指社会组织为社会成员之间传播内容、互通信息所采用的各种通信手段与媒介，如广播、电视、报纸、书刊、互联网等。

传媒是除家庭、学校、同伴之外的第四种社会力量，对青少年形成良好的价值观起着非常重要的作用。它为我们提供全面的社会生活知识，展现多彩而广阔的世界；可以满足人的娱乐与交往需要，一定程度上也能缓解不良情绪；它甚至成为指导孩子社会学习的老师，公众人物的言行很容易激发起孩子的崇拜心理和模仿行为。整合教育力量，就要善于利用传媒的积极影响，甄选其中的有益资源。

2. 负面影响，注意过滤

传媒也是一柄“双刃剑”。似是而非的知识和不健康的信息传播，容易导致错误的社会认知和畸形的性意识；儿童过早进入成人视角，容易产生片面理解与价值观扭曲等不良现象；过多的暴力情节，容易诱发侵犯行为；过滥的广告宣传，容易误导消费；过度的网络使用，容易导致沉迷。所以，它的负面作用我们要注意过滤。

3.加强鉴别，提升素养

作为信息时代的“原住民”，家长和孩子都需要提升网络素养。加强媒介教育，传媒才能为我们所用，发挥积极影响。一要有正确的网络与媒介认知能力，学会客观评析媒介信息的意义价值；二要懂得判断选择，学会利用网络、传媒，为所当为、发展自己；三要掌握基本的网络技能，提高防诈骗、防攻击的安全意识；四要提升网络道德修养，提高负面信息的免疫能力。

经典案例

冯恩洪校长的女儿在小学三年级某次回家时给他唱了一首“歪歌”，但他首先想到的是：信息量大了，孩子有加工处理的能力吗？当时家里正好有个多余的四抽屉储物盒子，他就把盒子拿出来，在上面贴了号码，并跟孩子商定：一号抽屉，装应该放大的信息；二号抽屉，装应该排斥的信息；三号抽屉，装暂存的信息；四号抽屉，装可以新旧组合的信息。繁杂的信息分成4类，孩子每次回家说完听到、看到的新信息，父女俩就一个一个讨论，哪个信息装到哪个抽屉里更合适……

坚持了整整4个月之后，孩子再回家讲起种种见闻，就基本能够分类做出判断分析了，她适应信息社会的能力也大大增强了。

（引自：冯恩洪《创造适合学生的教育》，天津教育出版社2011年版。有删改。）

常识八

家庭教育也要依法办事

——保障孩子权益

离娄之明，公输子之巧，不以规矩，不能成方圆。

——战国·孟轲《孟子·离娄上》

国无法不治，民无法不立。守法走遍天下，违法寸步难行。家庭教育看似人人都会，实则是一门深奥的学问，是一项艰巨的系统工程，既考验一个家庭的底蕴，也考验父母的综合素养。家长良好的法治素养，不仅可以为家庭保驾护航，而且有利于孩子和谐发展。理念科学、方法得当就可能化腐朽为神奇，让孩子健康成长；反之则可能暴殄天物，就算是好苗子也可能莫名断送前程。

现实中，有的家长家庭教育知识欠缺又没来得及好好学习，对亲子关系的认知不准确，认为孩子是自己生养的，打骂处罚是个人自由，别人无权干涉；有的家长为了孩子未来有个好前途，自己在亲朋好友面前“有面子”，可能自觉不自觉地认为有权把孩子的课余时间安排满，孩子未来的工作、家庭也得由自己安排；有的家长可能觉得孩子太难调教管理，干脆放养，长大后自然就会好……这些类似的想法、看法或做法，其实都与孩子的生存权、发展权、受保护权和参与权等合法权益密切相关。保障孩子的合法权益不受侵犯，这是家庭教育的“底线”。

家长全面、理性地认识自己在家庭教育中的法定责任，树立科学的家庭教育法治观念，依规依法经营“小家”，“爱巢”才可能充满欢声笑语，家庭教育才可能取得实效。

一、保障孩子的生存权

(一)生存权是最基本的人权

情景再现

《人民日报》报道,在河南省光山县某小学校,一位曾患癫痫并误信“世界末日论”的村民疯狂挥舞菜刀,致23名留守儿童受伤住院。在孩子们住院期间,仅有两三位母亲参与陪护,因为各种原因竟然没有一位父亲到医院看望自己受伤住院急需关心、陪护的亲骨肉。

常识透视

这则报道,让我们不得不反思:我们对孩子的生存权到底知道多少,保障得又如何呢?

1.新时代父母应知晓孩子的生存权

生存权是最基本的人权,是儿童享有其固有的生命权、健康权和获得基本生活保障的权利。它主要包括生命权、身体权、健康权。

生命是人的生存之本,没有生命权、身体权,自由权、平等权等其他人权就无法存在;没有健康权,其他人权的行使便会受到影响。我国始终重视保护儿童的生存权,努力促进少年儿童健康成长、全面发展。

2.新时代父母不能侵犯孩子的生存权

每一个孩子都是活生生的、有人格尊严的生命体，而不是任人摆布的私人物品，不应该、更不能想要就要、想扔就扔、想毁就毁。每一个孩子来到世间，法律就赋予了他生存的权利。

无论家庭状况如何，无论孩子是丑是俊、是健康还是残疾，父母都没有权利扼杀、抛弃、漠视这个生命，家庭有责任为孩子的健康生存创造条件、提供保障。

3.我国从古至今重视孩子的生存权

我国从古至今就把生存权作为首要的基本人权。《诗经》中的“民亦劳止，汔可小康”，《尚书》中的“民惟邦本，本固邦宁”，孟子设想的“七十者衣帛食肉，黎民不饥不寒”，均表达了人民的生存与发展诉求。

近代中国国贫家弱，人民毫无权利可言。中华人民共和国成立以来，以人民为中心的人权理念，历经实践检验，开辟了人权发展的新境界。

经典案例

2021年4月，李某（14周岁）驾驶汽车，尾随驾驶二轮摩托车的吴某，伺机夺取财物，致其受伤。

经调查，李某系弃婴，由养父母抚养长大，不良习气较重，生存能力和心理成熟度欠缺，生存权未得到良好保护。检察机关、妇联、关工委召开联席会议，制定个性化家庭教育指导方案，启动家庭教育指导异地协作机制，实现了教育效果最大化。

目前，李某回归家庭后表现良好，亲子关系融洽，新学期开学已赴一所初中就学。

（引自：2021年10月最高人民检察院、中华全国妇女联合会、中国关心下一代工作委员会联合发布的《关于在办理涉未成年人案件中全面开展家庭教育指导工作典型案例》。有删改。)

(二)法律全面保障儿童的生存权

情景再现

据央视网、《中国教育报》等媒体报道:湖南郴州市8岁娃因没写完作业被其父砍伤;因为吃饭慢,山东7岁女童被母亲活活打死……一位热心未成年人保护的公益律师,在对家庭暴力案件的调查中发现,在近年媒体公开报道的案件中,有不少孩子都是被亲生父母打死、打残或打伤的,冰冷的事实让人触目惊心。

常识透视

虽然虐待致死是极端案件,但仍有一些家长认为"自己的孩子,想怎么打怎么骂都可以,这只是家务事"。遗弃儿童,甚至残忍杀害儿童的事件也时有发生,让人难以理解。这些父母对孩子生而不养,把孩子当作了可随意丢弃的私人物品。

1.依法保护儿童生存权已达成国际共识

绝大多数国家都很重视对儿童合法权益的保护。至今已有196个国家批准加入的联合国《儿童[1]权利公约》,就是第一部有关保障儿童权利且具有法律约束力的国际性约定。

该公约明确规定:任何儿童均有固有的生命权,所有缔约国都应该最大限度

① 该公约将"儿童"界定为"18岁以下的任何人"。

地确保儿童的存活与发展，父母有责任保护儿童不受到任何形式的身心摧残、伤害或凌辱等。

2. 中国法律全面保障儿童的生存权

1991年12月，我国成为联合国《儿童权利公约》的缔约国。我国宪法历经多次修订，但都明确规定了公民的基本权利与义务，特别是2004年将“国家尊重和保障人权”写入宪法后，基本人权原则就成为国家的基本价值观。

2020年最新修订的未成年人保护法第17条明确规定，不得“虐待、遗弃、非法送养未成年人或者对未成年人实施家庭暴力”，保障未成年人的生存权。预防未成年人犯罪法、中国公民收养子女登记办法等法律，也有相关条款保障儿童的合法权利。

3. 新时代强化儿童生存权的法律保护

进入新时代，被誉为“新时代人民权利的宣言书”的民法典规定，自然人享有生命权、身体权、健康权，任何组织或者个人不得侵害。

2022年1月起正式施行的家庭教育促进法，是我国首部家庭教育领域的专门法律。它针对儿童的生存权，在第16条明确规定，要求父母关注未成年人心理健康，教导其珍爱生命，增强其自我保护的意识和能力等。

经典案例

李某与王某婚外情生育了女儿小诺，李某担心其影响自己的家庭和事业欲杀害小诺，并在与王某的争执中致小诺受伤。法院以故意杀人罪判处李某有期徒刑，撤销其监护人资格，并负担小诺的抚养费直至其能独立生活为止。

非婚生子女享有与婚生子女同等的权利，任何人不得加以危害和歧视。法院撤销监护人资格，但不免除其抚养义务，既彰显了法律的公正与权威，也是对侵权父母的强力震慑,终极目标是为孩子营造更加健康的生存、成长环境。

(引自:2022年6月吴江法院发布的《示范区法院保护未成年人权益十大典型案例》。有删改。)

(三)珍爱生命维护儿童的生存权

情景再现

在生活中“飞蛾扑火”很常见:一只飞蛾不小心扑到油灯里,翅膀被油浸湿,可它拼尽全力,想扇动自己的翅膀脱离“火海”。可一次又一次……它所有的努力,除了换来疼痛加剧,也只是徒劳而已——最终它还是葬身“火海”。那一次又一次的扑腾,怎么能不唤起我们对生命的敬畏之情呢?蝼蚁尚且贪生,何况作为万物之灵的人类?

常识透视

众所周知,父母教育子女是天经地义的事情,他们却很少去思考家庭教育最基本的前提条件是什么。孩子是家庭教育的重要主体,倘若没有了孩子这一基本前提条件,家庭教育也就没有存在的必要。

1.维护儿童的生存权需要敬畏生命

敬畏每一个孩子鲜活的生命,其实也是在善待自己、自我提升。只有敬畏生命的人,才有一颗怜惜之心;懂得每一个人的不容易,才能修出宽容之心;学着丰富自己的情商,不伤他人心,才能提高自己的层次,让自己变得更优秀。

敬畏生命更能用自己的爱与真诚来温暖别人的心灵。唯有敬畏,脆弱的生命才可能在激烈竞争的世界里生生不息。

2.维护儿童的生存权需要尊重生命

活得舒服是万物的本能。天地之间以和为贵，万物之间以善为美。万物有灵，每一种生命都有生存的权利。哪怕是血浓于水的亲人，也会在意我们给予的辱骂、歧视。只有真正被尊重的生命，才会不遗余力地回报你。

在家庭教育中，父母只有以一颗良善之心，尊重生命、敬畏生命，家庭才能幸福，人类社会才能和谐共生。

3.维护儿童的生存权需要呵护生命

中国古圣先贤都重视人的生命及其自身价值。孔子曰："古之为政，爱人为大"；孟子曰："为天下得人者谓之仁"；荀子曰："人最为天下贵"；墨子曰："兼相爱"。

进入新时代，父母真心尊重孩子独特而有个性的生命，保障其合法的生存权，是其应尽的责任和义务。只有每一位父母都真正懂得并行动起来，才能让每个儿童都能享有生命权。

经典案例

小龙生父一直身份不明，他长期随林某共同生活。林某对小龙疏于管教，经常让他挨饿，多次殴打他，小龙后背满是伤疤。当地政府、妇联、村委会、民警多次对林某进行批评教育，但林某仍拒不悔改。

当地法院依法批准村委会提出的撤销林某监护人资格申请，并按照最有利于被监护人成长的原则，保护其生存权，指定村委会担任小龙的监护人。当地法院还主动与有关部门积极沟通，及时对小龙做了妥善安置，切实维护了未成年人的合法权益。

（引自：最高人民法院网2019年发布的《保护未成年人权益十大优秀案例》。有删改。）

二、保障孩子的发展权

(一)儿童发展权是基于生命的全面发展权

情景再现

有的家长"为了孩子好""为了有面子"等,对孩子过度"培养",过多关注孩子的智力,却往往忽视孩子在品德、习惯及心理等方面的成长需求,甚至将孩子变成了实现自己愿望的工具。

有的父母,孩子优秀,他们贬低,怕孩子骄傲自满;孩子平庸,他们讽刺,以图激发其斗志;要么一味宠爱孩子,"大包大揽"地替孩子安排好一切事情。

常识透视

事实上,每一个孩子从出生到成年只有6570天左右,每一天对孩子来说都有特殊意义,每一个时期都是他们身心发展的关键时期。父母"重智轻德、重知轻能",客观上让孩子几乎失去了发展权。

1.新时代父母应深刻认知儿童发展权

儿童的发展权是指在儿童成长发展的过程中,产生的各种需要得到满足并使其潜能得以最大限度发挥的权利。儿童有权享有促进其身体、心理等全面发展的条件。

其实质是指向符合社会基本规范及发展趋势的一种适应能力,是孩子应该拥有自由发展的时空等权利。其主要目的是保证儿童得到充分的发展。

2. 新时代父母应全面知晓儿童发展权

《儿童权利公约》规定：儿童发展权主要包括获得信息的权利、受教育权、娱乐权、文化与社会生活的参与权、思想和宗教信仰自由、个性发展权等权利。

其具体内容主要包括：有通过大众传播媒介获得有利于身心健康的信息的权利；有接受教育的权利；享有娱乐、休闲和游戏的权利；有自由参加文化生活和艺术活动的权利；有思想、信仰、宗教自由的权利；有结交朋友、参与社会活动，以利于性格发展的权利；有获得充足的有营养的食物，以保证身体健康发展的权利。

3. 儿童发展权的关键在于全面发展

儿童发展权不仅指某个单方面的发展权利，更重要的是全面发展的权利。任何只强调某种专长而忽视全面发展的做法，都不利于儿童的可持续发展。

孩子的人生发展是一次“长跑”，而不是“短跑”。父母更应该针对孩子的潜能、兴趣、个性等做必要的指导，帮助他成为健全的自己。

经典案例

每天晚饭后是著名儿童教育家陈鹤琴一家人最热闹、最快乐的时光。妈妈和大女儿弹琴，大家一起唱歌。有时候，孩子们要求爸爸表演，陈鹤琴虽然嗓子不算太好，但激情饱满，很有感染力。

陈鹤琴说：“家庭中有了歌声，如有了生气一般。试想一个家庭，吃完晚饭后，父母子女团聚一室，同唱同歌，这是何等有趣的事情！一日之间，有了这种团聚，不但于精神上发生无穷的快乐，感情上也可更加融洽，所以家庭中不可不有乐歌。”

（引自：小土《陈鹤琴：一代幼儿“教父”》，《师道》2009年第6期。有删改。）

(二)儿童的发展权需要法律保护

情景再现

户籍在外省的女孩丹丹已经8岁了,因父母离异,母亲患有严重视力障碍,家人对孩子是否入学觉得“无所谓”,因此丹丹未能及时入学。当地政府了解到孩子的具体情况后,对家长进行了教育,并及时联系暂住地附近学校,解决了孩子的入学问题,保护了孩子的发展权。

常识透视

新时代的父母要想自己的孩子全面发展,不触犯法律红线,就应该懂得孩子的发展权既有国际法保护,更有国内法保护。

1.儿童发展权受国际法保护

发展权作为首要人权,是人类借以实现自身价值的重要手段。《儿童权利公约》明确规定:父母对儿童的养育和发展负有首要责任。儿童应有自由发表言论,有思想、信仰自由,有隐私、家庭、住宅或通信不受任意或非法干涉,其荣誉和名誉不受非法攻击,有接受教育等方面的权利。

2.儿童发展权受国内法保护

我国现行宪法明确规定,国家培养少年儿童在德、智、体等方面全面发展。未成年人保护法、义务教育法、预防未成年人犯罪法、家庭教育促进法等,也为保障儿童的发展权提供了重要的法律依据。

未成年人保护法、家庭教育促进法更将家长的“工作任务”上升为“法律责任”,明确规定父母应该为未成年人提供生活、健康、安全等方面的保障。

3. 多方协作保障儿童发展权

儿童发展权还需要社会多方协作才能更好地落到实处。保障孩子的发展权,是父母的法定义务。如果简单粗暴地教育,不仅会让孩子受到不良的影响,情节严重者还可能触犯法律底线。

我们还需要依法构建家庭教育服务体系,创造多样化的服务产品,赋能家长提升家庭教育能力。司法机关、居(村)委会、妇联、中小学校等,应通力协同形成合力。

经典案例

李某与王某协议离婚,约定女儿王小某由王某直接抚养并承担抚养费。王某租房给女儿,将其交给孩子爷爷照顾后,对孩子不闻不问,涉嫌侵犯孩子的发展权。女儿多次表示,希望能跟母亲李某共同生活。李某遂向法院申请变更王小某的抚养权。

为了更好地保护儿童的发展权等合法权益,经法院和检察院联合调解,将王小某的抚养权变更给李某。

(引自:2022年6月吴江法院发布的《示范区法院保护未成年人权益十大典型案例》。有删改。)

(三)践行正确理念保护儿童发展权

情景再现

“妈妈生,姥姥养,爷爷奶奶来欣赏,姥爷天天跑市场,爸妈回来就上网。”这种“养而不教”,或者溺爱娇惯、虎妈猫爸式教育的“教而不当”,往往会“祸害”孩子,贻误孩子的全面发展。

据《全国家庭教育状况调查报告(2018)》显示,13.3%的四年级学生和10.8%的八年级学生认为“我做错事时,家长总是不听解释就批评我”,10.7%的四年级学生和8.2%的八年级学生认为“家长从不认真回答我提出的各种问题”。

常识透视

父母的最大愿望往往是孩子能够健康成长。但仅仅懂得法律保护还不够,还需要父母在家庭教育中践行全面、平等、公平的正确发展观念。

1.新时代家长应树立全面发展观

世界卫生组织给健康的定义有3个标准:躯体健康、心理健康和具有社会适应能力。儿童应该全面发展,而不仅仅是智力的发展,不应该忽视孩子的品德、习惯及心理问题等。

中华民族从古至今重视“家教”,也有让孩子全面发展的优良传统。在新时代,父母更应该树立全面发展观,既关注孩子的学习和身体健康,更要关注其情绪及社会适应能力的发展,为孩子营造更健康的成长环境。

2.新时代家长应树立平等发展观

不少家长很少听孩子发表意见,“平等”观念的落实很不理想。没有把孩子当作独立的个体,亲子沟通不畅,孩子的发展权就难以真正得到保障。

家长应用平等思维,尊重孩子的人格,尊重孩子成长的权利,这并不是要否定家长的权威。父母应用平等的眼光看待孩子,用平等的态度对待孩子,在放手和信任中让孩子成长,而不是塑造父母理想的继承者。

3.新时代家长应树立公平发展观

父母对孩子的责任应该是对其一生负责,而不仅仅是保证其童年幸福。父母应该树立公平观念,遵守公平原则。

公平原则中最重要的原则是发展权的公平。父母应该尊重孩子的话语权,特别是在孩子青春期结束之前。父母应该习惯让孩子表达出真想法,不搞“一言堂”,公平对待每一个孩子、公平解决每一个问题。

经典案例

一位妈妈认为孩子应该多交朋友,于是总是拉着2岁的孩子去跟小朋友打招呼。可偏偏孩子不爱说话,急性子的她就替他说,甚至玩游戏也替他玩,孩子总是默默跟在后面。后来妈妈发现,孩子独处时竟然不知道玩什么,也特别在意别人是否把他当朋友,却偏偏又没有好朋友,因此经常焦躁不安。

后来妈妈不再强迫、替代孩子,而是引导孩子自己去跟小朋友玩。孩子越来越有自信,朋友也慢慢多了起来。

(引自:教育部新闻办微言教育微信公众号《精心挑选的32个案例,教育孩子的方法在里面》,2016年5月18日发表。有删改。)

三、保障孩子的受保护权

(一)儿童的受保护权是全社会参与的特殊保护

情景再现

拒绝暴力、保护未成年人应该是现代家庭教育的常识。但孩子“不学习”“不听话”等原因,家长勃然大怒、拳脚相加的现象总是时有发生;一些父母不愿意抚养自己的子女;一些管理机构、管理者不尽安全保障义务;更有人甚至残忍地伤害、遗弃、猥亵、拐卖孩子……由此可见,对儿童的特殊保护势在必行。

常识透视

1.深刻认知儿童特殊保护的必要性

关爱保护少年儿童,让孩子们安全、健康成长,是父母的法定义务。对儿童进行特殊保护也是现代文明社会应当履行的重要义务。

儿童期是孩子身心发展的关键时期,儿童既同成人一样是具有独立地位的权利主体,又有不同于成人的特殊需求。儿童作为弱势群体,更应该是家庭和社会重点保护的特殊对象。

2.全面知晓儿童受保护权的主要内容

儿童受保护权是指儿童享有不受歧视、虐待和忽视的权利。孩子从出生开始就是国家公民,除法律规定只有成年公民才能享有的某些权利外,成年公民的基本权利儿童都享有。

儿童受保护权主要包括:接受义务教育权、接受父母抚养权、保守个人隐私权、享受劳动保护权、维护人格尊严权、人身安全权、财产继承权等。

3.特别重视落实儿童的家庭保护

家庭保护是保护未成年人的首要环节,家庭保护的好坏,直接影响未成年人的成长。

在家庭教育中特别需要反对一切形式的儿童歧视,让每一个儿童都得到平等对待,保护儿童的一切人身权利,应该在儿童身心发展的全过程依法保障儿童的合法权利,促进儿童全面健康地成长。

经典案例

7岁的陈某同家人在被告餐饮店就餐,因桌子包角铁皮未包封完好,陈某在玩耍时碰到桌角致使手指受伤。餐饮店拒绝对陈某受伤承担赔偿责任,仅出于人道主义帮助,补偿陈某医药费的25%。

法院经审理认为,餐饮店作为经营者,未尽到安全保障义务,对损害后果的发生应承担主要责任。其父母作为监护人,未尽到监护职责,应承担次要责任。

(引自:2022年6月吴江法院发布的《示范区法院保护未成年人权益十大典型案例》。有删改。)

(二)儿童受保护权离不开法律的专门护航

情景再现

1991年我国制定了第一部专门保护儿童的法律——未成年人保护法,2006年、2020年相继进行了修订。

2022年3月14日,国家互联网信息办公室发布《未成年人网络保护条例(征求意见稿)》;2022年8月,中共中央宣传部举行发布会,表示正在加快推动该条例出台,完善未成年人保护法的配套制度。

常识透视

儿童的特殊保护是一项系统工程,既需要家庭保护、学校保护、社会保护、网络保护、政府保护,也离不开司法保护,只有系统保护,才能相融与共形成合力。

1.儿童受保护权有国际法专门保护

《儿童权利公约》明确规定:儿童有权受到保护,以免受经济剥削和从事任何可能妨碍或影响儿童教育或有害儿童健康或身体、心理、精神、道德或社会发展的工作;任何儿童不受酷刑或其他形式的残忍、不人道或有辱人格的待遇或处罚;不得非法或任意剥夺任何儿童的自由。这从国际法的高度,为我国儿童合法权益的特殊保护提供了重要的法律依据。

2.儿童受保护权有国内一般法保护

我国的许多一般法律在立法时,也比较重视对儿童合法权益的保护。如教育法规定,未成年人的父母有义务使他们接受并完成规定年限的义务教育;民法典规定，父母有保护和教育未成年子女的权利和义务；反家庭暴力法规定，未成年人的监护人应当以文明的方式进行家庭教育，不得实施家庭暴力等。这些法律都较好地保障了儿童特有的合法权益不受侵犯。

3.儿童受保护权有国内专门法保护

我国以宪法为基础，针对未成年人的受保护权等，制定了未成年人保护法、预防未成年人犯罪法等法律，使我国儿童的特殊保护有法可依。

进入21世纪，我国不断修订和新增相关法律，改进未成年人法治保护体系，如对未成年人保护法、预防未成年人犯罪法、义务教育法等进行了修订完善，用法律为儿童撑起了一片蓝天。

经典案例

张某某在父母离婚后由父亲张某抚养。其父长期对女儿张某某实施殴打、谩骂，限制人身自由，严重影响其身心健康。2011年3月19日深夜，张某酒后对女儿实施殴打，让她不敢回家。张某某向司法部门写求救信，坚决要求跟随母亲胡某生活。

胡某向法院起诉变更抚养关系，并提出保护张某某人身安全的申请。法院经审查发出了全国第一道针对未成年人的“人身安全保护令”。后以调解方式结案，张某某由胡某抚养。

（引自：最高人民法院网2019年发布的《保护未成年人权益十大优秀案例》。有删改。）

(三)树立科学育人观,落实儿童的特殊保护

情景再现

不少父母为了儿女的幸福,愿意拼尽一切,恨不得自己的孩子处处都比别人优秀。他们总拿孩子的短处与其他孩子的长处比较,经常对其进行言语打击,“蠢”“笨”“养你有什么用”等词句常挂嘴边,常以爱的名义不断地伤害孩子。

常识透视

父母不仅仅是孩子的生活照料者、言行引导者,更应该是孩子健康成长的引路人。只有树立科学的育人观念,才能更好地落实对孩子的特殊保护,引导孩子健康成长。

1.树立尊重孩子的育人观念

尊重未成年人的合法权益是家庭保护的根本。父母应该以尊重孩子为前提,为他们的成长创造机会和条件。不能以“保护”“为你好”等名义,侵犯孩子的合法权益。

父母应该遵循孩子的身心发展规律和个体差异,不以个人意志为标准;尊重孩子的人格尊严,不随意侵犯其个人隐私;拒绝家庭暴力,不让孩子的身心受到伤害,避免孩子没有安全感,甚至自暴自弃。

2.树立保护孩子的育人观念

家庭是守护孩子的第一道防线。树立未成年人家庭保护观念是未成年人生存、发展的必然要求,是家庭固有功能的要求,也是社会和谐发展的要求。

家长应该帮助孩子预防危险，提高自我保护意识，保护孩子的生命安全。家长还应该对孩子进行科学的性教育，预防未成年人沉迷网络；妥善管理和保护其合法财产；预防和制止其不良行为和违法犯罪行为等。

3. 树立协同育人的育人观念

校家社协同育人是新时代的要求。未成年人的合法权益保护，是各种因素共同作用的结果，只有各方协调一致，才能真正形成合力，产生实效。

最新实施的未成年人保护法，更是将家庭保护、学校保护、社会保护、网络保护、政府保护和司法保护独立成章，既各有侧重，又强调互相协同配合。

经典案例

父母协议离婚，约定儿子江某俊由母亲钟某抚养。钟某将婚姻的不幸转嫁到孩子身上，拒绝让父子相见。钟某常年闭门不出，也不让儿子上学读书。父亲江某向法院多次起诉要求变更抚养权。

为了化解矛盾，法院联合该市未成年人保护办公室，妇联、团委、家调委、社区、教育等部门工作人员积极配合，多次上门调解未果，法院依法变更了钟某对江某俊的抚养关系。

（引自：最高人民法院网2019年发布的《保护未成年人权益十大优秀案例》。有删改。）

四、保障孩子的参与权

(一)参与权是儿童必不可少的基本权利

情景再现

不少父母习惯说:“大人说话,小孩子别多嘴!”与成人相处,儿童总是相对沉默,即使有机会说话,也难以形成独立的声音;即使有机会表达,也往往受成人的控制和影响;即使有机会参与,也很难做到不被成人牵着走。

儿童参与机会贫乏和参与机会不平等,往往在父母的庇护下,丧失了独立做事的愿望和能力,成了父母的附庸。

常识透视

儿童参与权是儿童的一项基本权利,受法律专门保护,是一项法定义务。

1.了解儿童参与权不被重视的主要原因

一是不少父母以儿童的将来作为教育的借口,忽略了当下儿童所具备的各种特点和能力,阻碍儿童发表意见、参与决策。二是儿童的参与意识及能力普遍较低,往往不了解自己的权利,对参与也没有多大兴趣。三是父母因“亲子一体化”错误观念影响,习惯“控制”儿童,儿童也习惯被“掌控”。四是社会对儿童参与权的重视不足,不少社区工作者甚至都不了解《儿童权利公约》。

2.全面知晓儿童参与权的主要内容

儿童参与权是儿童参与家庭和社会生活，就影响他们生活的事项发表意见的权利。

其具体内容主要包括：表达权，让孩子自由地发表对各类事务的意见和看法；决策参与权，对与孩子有关的事务，认真听取孩子的意见，并一起做决定；自主权，孩子有权得知会对他们造成影响的情形，有权管理、分配自己的物品等；受重视权，孩子的想法、意见有权得到倾听，受到重视。

3.深刻理解保护儿童参与权的重要意义

儿童参与权既是儿童的合法权利，也是把事情办好的重要保证。父母为孩子所做的一切都只是为孩子的成长提供支持、创造条件，而不是代替孩子成长。

儿童的参与权并不是一成不变的，随着儿童年龄和成熟程度的变化，其参与权也应该不断提升。

经典案例

王某与肖某协议离婚，约定“肖某某(4岁长子)由肖某直接抚养，王某享有探视权”。但肖某未经王某同意，将肖某某送到异地奶奶处生活学习，致王某无法探视肖某某。法院经审理判决：肖某某变更为由王某抚养。

肖某不服，向南平中院提出上诉。两级法院结合孩子心理创伤修复和亲情弥合的需要，特别尊重孩子的参与权，多次与肖某某沟通后达成协议：肖某某由肖某抚养，双方征得孩子同意，协商改变探视时间和地点。

(引自：2022年5月福建高院发布的《福建法院未成年人权益保护典型案例》。有删改。)

(二)儿童的参与权受法律保护

情景再现

随着我国未成年人保护法、预防未成年人犯罪法等法律的制定和修订,法律对儿童合法权益的保护力度越来越大。

可是,在中国家庭教育传媒联盟开展的"儿童权利知多少"主题微调查中发现,父母对儿童权利中的财产受到管理保护权、参与权和继承权等3项权利知晓度非常低。可见,父母对儿童参与权相关法律规定的认知亟待提高,新时代的父母更需要提高相关认识。

常识透视

虽然儿童的参与权在生活中没有得到父母的高度重视,但从立法的角度看,国际、国内法都非常重视对其的保护。

1.儿童参与权受国际法保护

《儿童权利公约》第12、13条明确要求,缔约国应确保有主见能力的儿童有权对影响其本人的所有事项自由发表意见,对儿童的意见应按照儿童的年龄和成熟程度给予适当的看待,特别是应有机会在影响儿童的任何司法和行政诉讼中陈述意见。儿童有自由发表言论的权利,而且有提起法律诉讼的权利,有权要求独立公正的主管当局或司法机构复审判决,并且不能被迫做口供或认罪。

2.儿童参与权受国内一般法保护

国内一般法对儿童参与权也有相关规定。教育法规定了学校应建立保障学生参与学校事务的机构。《关于人民法院审理解除同居关系纠纷的有关问题》中指出，未婚同居关系解除协商抚养非婚生子女时，必须征求子女的意见。这些法律法规都赋予了儿童合法的参与权。

3. 儿童参与权受国内专门法保护

国内专门法对儿童参与权也有相关规定。如未成年人保护法明确规定，未成年人享有参与权；父母在处理涉及未成年人事项时，应该听取未成年人的意见。

家庭教育促进法规定，未成年人的父母或者其他监护人实施家庭教育时，应当尊重其参与相关家庭事务和发表意见的权利。这些法律专门针对未成年人保护进行立法，本身就充分体现了对儿童参与权等合法权益的高度重视。

经典案例

施某与肖某协议离婚，约定小明（化名）由肖某直接抚养，抚养费由肖某自行承担。由于肖某长年忙于生意，忽视孩子的家庭参与，对孩子关心甚少。2021年12月，施某请求法院变更抚养关系。

法院对肖某予以训诫后，经调解，施某撤诉。法官向肖某发出《家庭教育督促令》，责令肖某尊重孩子的参与权，多关注小明的生活、情感需求，切实履行监护职责，承担家庭教育的主体责任。

（引自：2022年5月福建高院发布的《福建法院未成年人权益保护典型案例》。有删改。）

(三)践行育人新观念,保障儿童的参与权

情景再现

在我们的家庭生活中,有的父母独自决定与孩子有关的事,但同时也让孩子了解他们为什么要做这些事情;有的父母在计划安排与孩子有关的事情时,习惯征求孩子的意见,并严肃对待他们的意见;也有父母把家庭的大小事情都告诉孩子,一家人协商一致后,集体做最后的决定。

常识透视

孩子作为独立的主体,如果不了解参与权,不理解自己的需求,就很难唤醒其参与意识并参与行动。新时代的父母让孩子理解自己的权利、培养参与意识和能力显得相当重要。

1.践行平等观念

有些家庭要么父母独断专行,要么孩子刁蛮任性,这都是不平等的典型表现。践行平等的教育过程应该是以唤醒自尊为目的。父母应该“蹲下来”,调整好自己和孩子之间的距离,进入他们的内心,给予有针对性的引导。

践行平等观念,并不是否定家长的权威。父母是家庭的领队,应该尊重孩子的意见,但最终把握方向的还是父母。孩子的参与重在积累经验,学会表达,提高协商解决问题的能力。

2.践行尊重观念

有的父母总是以“听话”为标准,往往主观随意,爱包办。也有的父母比较功

利，只允许孩子在学习方面有发言权，其他方面一律“免谈”。这都是典型的不尊重孩子参与权的表现。长此以往必然导致亲子关系紧张，教育效果堪忧。

父母尊重儿童的参与权，要激发儿童参与的主体意识，传授儿童参与的方法技巧，与学校、社会协调配合，不断培养、提高儿童的参与能力。

3.践行民主观念

有的家长简单粗暴，习惯于独断专行“我说了算”，完全忽视孩子的参与权。这往往是家长的虚荣心作祟，对孩子期望过高，忽视孩子的真正需求和独立人格，把孩子当作自己的附属品，这样容易给孩子带来极大的困扰和压力。

要保障孩子的参与权，父母更应该给孩子选择的自由，给孩子实践的机会，让孩子去做自己喜欢的事情。还应该允许孩子走一些弯路，允许他们充分地表达自己的观点。

经典案例

蔡某与陈某婚后性格不合，时常因生活琐事发生争吵。女儿陈某某一直随母亲蔡某生活，父亲长期不关心孩子，忽视孩子的家庭参与权。蔡某申请法院判决离婚，女儿由自己抚养。

经法院调解，双方自愿离婚，女儿陈某某由蔡某抚养，父亲陈某的探视时间方式等必须尊重孩子的参与权，与孩子及蔡某平等协商。法院组织双方学习家庭教育促进法后，签署《家庭教育责任承诺书》，督促家长必须保障孩子的参与权等合法权益。

（引自：2022年5月福建高院发布的《福建法院未成年人权益保护典型案例》。有删改。）

五、构建新时代法治家庭

(一)新时代家庭需要营造法治氛围

情景再现

很多家庭,父母忙于工作,对家庭教育、法治教育等学习不足,相关教育功效日渐减弱。主观上看,有的家长责任心不足,有的则过度忧虑、过于功利化,有的家长只关注孩子的学习成绩,而不顾其身心健康发展,家庭教育严重缺乏法治氛围。

常识透视

1.改善新时代家庭教育现状亟待营造法治氛围

现实生活中,家庭教育缺乏法治氛围的现象比较普遍。无论是家长客观上的时间空间、教育水平的限制,还是家长主观上的教育意识不足,都会导致家庭教育在不同程度上存在诸多问题。这些问题势必会影响家庭教育的实效,也不利于社会主义法治中国的建设。要改善这一现状,亟需营造家庭教育法治氛围,用更完善的法律来规范引导。

2.发挥新时代家庭教育重要作用需要法治氛围

建设新时代法治家庭的核心主体是家庭。家庭教育的长远发展意义和影响,决定了社会主义的核心价值取向。在新时代,健康和谐的家庭环境也显得越来越重要。只有坚持与时俱进,用法律规范家庭教育、营造法治氛围,才能更好地发挥家庭教育的作用,促进社会更加和谐发展。

3.新时代家庭培养时代新人亟需营造法治氛围

家庭教育不仅是“自家私事”,更是“国家大事”。新时代青年需要以实现中华民族伟大复兴为己任,增强做中国人的志气、骨气、底气,才能不负时代,不负韶华。从人才强国、民族复兴的战略高度看,肩负培养时代新人重任的家庭教育,更需要完善的法律体系保驾护航,在家庭中营造法治氛围,才能培养出新时代的合格建设者和接班人。

经典案例

未成年被告人张某某的父母工作很忙,晚上经常加班不回家。张某某曾多次在网吧、娱乐场所过夜,结交社会不良人员等,但其父母却疏于管教。此后,张某某多次盗窃他人财物。最终,检察机关以盗窃罪向法院提起公诉。

法院在审理中发现,其父母法治意识淡薄,家庭教育严重缺位。依照家庭教育促进法规定,发出北京市首份家庭教育令,责令其父母承担家庭教育主体责任,切实履行监护职责。

(引自:2022年5月北京市高院官方微信京法网事发布的《带娃要依法　北京高院发布涉未成年人家庭教育指导工作情况及典型案例》。有删改。)

(二)新时代家庭需要立法、司法机关助力

情景再现

进入新时代,在家庭教育实践中还面临一些法律问题,如家庭教育概念模糊,其法律属性不够清晰、教育范围有待明确;家庭教育内部关系不够清晰,父母与子女权利义务不平等、范围不清;家庭、学校和社会教育定位不清,以及对特殊群体家庭教育利益保护不够充分等问题。

常识透视

1.需要立法机关不断完善家庭教育法律体系

建设新时代法治家庭,立法机关发挥着关键作用。我国一贯重视家庭教育的相关立法,在宪法、教育法等法律中均有相关条款,特别是针对儿童进行专门立法的未成年人保护法等,对家庭教育做出了明确的规定。

家庭教育促进法把家庭教育正式纳入了国家教育事业发展规划和法治化管理轨道。随着时代发展,更需要立法机关进一步不断完善家庭教育法律体系。

2.需要司法机关不断加强家庭教育法的落实

建设新时代法治家庭,司法机关是重要的执法机关。最高人民法院、最高人民检察院在2022年的工作报告中强调要落实家庭教育促进法,引导和督促"甩手家长"履行监护人责任。

自从家庭教育促进法实施以来,各地司法机关积极探索行之有效的好机制、好做法。如北京互联网法院建立起全国法院首个家庭教育指导线上平台,山东

省法院探索“法院+社工+N”的多部门联动家庭教育指导模式。

3.需要司法机关不断创新家庭教育指导方式

家庭教育促进法明确规定了人民法院审理离婚案件时，应当对有未成年子女的父母提供家庭教育指导，但对于如何细化落实，现在并无明确具体规定。

从各地司法实践看，大多聚焦于对监护失当的父母以“家庭教育指导令”的形式责令其改正，正确履行家庭监护职责。人民法院更应该根据案件实际情况，针对当事人的不同需求，采取前瞻性、沟通性、创新性的方式拓展工作空间。

经典案例

王某与李某的离婚诉讼中，双方均称自己与女儿感情融洽，能提供良好的教育环境和条件，由自己直接抚养。

法院经审理认为，考虑到女儿年龄、学习生活、居住现状及双方工作等情况，由王某直接抚养为宜，李某依法享有探望权。法院按照家庭教育促进法规定，向双方当事人发送了《家庭教育指导提示书》，就离婚后父母应承担的法律责任、探望权行使注意事项等做出指导提示。

（引自：2022年5月北京市高院官方微信京法网事发布的《带娃要依法　北京高院发布涉未成年人家庭教育指导工作情况及典型案例》。有删改。）

（三）提高法治家庭教育实效需各方协作

情景再现

家庭教育不仅是家庭问题，更是社会问题。家长工作压力大、孩子升学压力大、家庭经济负担重等现象比较普遍;家长普遍缺乏家庭教育的专业教育和专业指导。

中小学教师、社区工作人员往往发现孩子有被虐待、缺乏家庭监护等情形,但他们是否有义务向相关政府主管部门报告、政府部门又如何介入等,这些问题都需要在实践中不断探索解决。

常识透视

1.科学育人是建设法治家庭的关键

家庭教育要遵循教育科学,既要遵循青少年的生理发展规律,也要遵循青少年的心理发展规律,还要遵循人才成长的规律和家庭教育特点。

科学的家庭教育需要父母保障未成年人的合法权益,贯彻科学的家庭教育理念和方法,特别要重视培养守法意识、权利意识和规则意识。这既需要父母积极主动学习,也需要国家加强对家庭教育专业人员的培养,提高家庭教育的指导力度。

2.协同育人是建设法治家庭的保障

家庭教育是一项系统工程,需要从国家立法、政府履职、教育投入、部门责任、宣传舆论等方面,形成整体性、系统性、一体化的协同育人体系,形成强大的教育合力,才能更好地夯实这一奠基工程。

自家庭教育促进法实施以来,全国现已有十多个省市出台了地方性家庭教育促进条例,让家庭教育工作机制更加完善。

3.法治是建设法治家庭的根本遵循

法治是新时代做好家庭教育的鲜明特征和根本遵循。家庭教育促进法是社会主义法治文明在教育立法领域的显著进步，有助于规范父母的家庭行为，明确校家社等主体在家庭教育中的义务和权利，把家庭教育纳入法治化的科学轨道。

要保障家庭教育促进法的有效实施，必须进一步明确政府、学校和父母三方的责任内涵，建立行之有效的监督和保障机制，不断完善立法，贯彻立法宗旨，让有关规定紧贴实际，才能保障未成年人健康发展。

经典案例

13岁女孩小彭父母离异，长期受父亲训斥、体罚，与父亲关系紧张。2021年4月，父亲因故将她赶出家门。小彭向老师求助，学校约谈小彭父亲后，父亲找借口又让小彭离家。小彭向社区派出所报案。

民警对小彭父亲进行了口头训诫。小彭向老师表达担忧后，学校向检察院报告，并联系社区、妇联上报至区家庭暴力防护中心。派出所向小彭父亲出具了《反家庭暴力告诫书》，为小彭申请临时家外安置。经各方协调，小彭母亲将她接走照料，法院经审查后发出人身安全保护令。

（引自：深圳市未成年人救助保护中心评选的“2021—2022年深圳市未成年人关爱服务十佳实践案例”。有删改。）

参考文献

[1]关颖.家庭教育社会学[M].北京:教育科学出版社,2014.

[2]缪建东,徐亚莲.中学教育力量整合[M].南京:南京师范大学出版社,1999.

[3]黄河清.家庭教育学[M].上海:华东师范大学出版社,2014.

[4]单志艳.家庭教育学[M].桂林:广西师范大学出版社,2021.

[5](美)戴维·迈尔斯.社会心理学(第11版)[M].侯玉波,等译.北京:人民邮电出版社,2016.

[6](美)劳拉·E.贝克.儿童发展(第五版)[M].吴颖,等译.南京:江苏教育出版社,2002.

[7]刘海娟.家庭教育心理学[M].北京:知识产权出版社,2020.

[8]赵忠心.家庭教育学——教育子女的科学与艺术[M].北京:人民教育出版社,2001.

[9](美)谢弗,等.发展心理学:儿童与青少年(第八版)[M].邹泓,等译.北京:中国轻工业出版社,2009.

[10]朱闻哲.家庭教育学[M].北京:清华大学出版社,2020.

[11]陈鹤琴.家庭教育[M].上海:华东师范大学出版社,2013.

[12]缪建东.家庭教育学(第2版)[M].北京:高等教育出版社,2015.

后记

能够得到几位家庭教育一线实践者的积极响应，挤出极为宝贵的休息时间，共同编写这本《好家长都知道的8个教育常识》，向广大家长普及家庭教育科学知识，发挥传道解惑的作用，为孩子们都能拥有一个健康成长的家庭乐园做出一点儿努力，真是一大幸事与乐事。

家庭教育是一门科学。满足家长们对家庭教育科学知识的学习，成为本书9位作者的一种教育追求。编委会从确立目标任务开始，先后经历了书名优选、内容精编、目录论证、体例调整、字斟句酌等艰难的过程。大家在繁忙的工作之余，克服种种困难，经历无数次座谈交流、线上碰头、挑灯夜战、反复磨砺，将自己日常的积累精心梳理，吸收大部头、大容量专业文献的精华，多渠道查找精选典型案例，最终完成定稿，备感欣慰。

本书的编写，首先得感谢重庆市教育评估研究会领导与同行的精心组织和耐心引导；其次得感谢9位作者家庭伴侣的大力支持，没有抱怨家务做少了，没有责怪书桌弄乱了，没有嫌弃陪伴时间减少了，让大家能安心写作；最后还得感谢丛书编委会、初稿研读者和其他家庭教育社会工作者们的倾力相助，在提出修改意见等方面所给予的支持和帮助。

本书采用了编委合议骨架、作者分章负责的编撰形式，常识一、常识三、常识五、常识八分别由綦江区教育科学研究所教研员古爱华、李刚、刘妮、岳云雄编写，常识二由綦江区永城中学校长袁海龙编写，常识四由綦江区实验小学副校长陈蕾编写，常识六由綦江区陵园小学副校长何勇编写，常识七由綦江区南州中学副校长陶学明编写。最后由綦江区教育科学研究所古爱华、重庆市教育科学研究院江雪两位主编对全书做了统稿和修改，开州区后河初级中学校长文彬、开州区三合初级中学校长廖平做了审读和校正。

书中定有不少疏漏与不足，希望各位读者予以批评指正。本书的出版只是一个新的开始，我们将继续努力，争取在促进家庭教育的工作中贡献更大的力量。

附录

重庆市新时代家长教育能力推荐标准

（2024年版）

为贯彻落实《中华人民共和国家庭教育促进法》《中国儿童发展纲要（2021—2030年）》《关于健全学校家庭社会协同育人机制的意见》，引导家长提高家庭教育能力，我们特制定了《重庆市新时代家长教育能力推荐标准（2024年版）》（以下简称《能力标准》）。

一、指导思想

坚持以习近平新时代中国特色社会主义思想为指导，以习近平总书记关于注重家庭家教家风建设重要论述为根本遵循，落实立德树人根本任务，发扬中华民族重视家庭教育的优良传统，促进家长承担对未成年人实施家庭教育的主体责任，增进家庭幸福与社会和谐，培养德智体美劳全面发展的社会主义建设者和接班人，为全面建成社会主义现代化强国提供重要支撑。

二、基本原则

坚持立德树人。遵循党的方针政策，以立德树人为根本任务，践行社会主义核心价值观，弘扬中华优秀传统文化，注重家庭建设和良好家风的传承，促进亲子互动共同提高。

坚持家长主体。树立家庭是第一个课堂、家长是第一任老师的责任意识，促进家长承担对未成年人实施家庭教育的主体责任。

坚持科学引导。遵循家庭教育规律，遵循儿童身心发展的特点和规律，引导家长用正确思想、科学方法和有效行为教养未成年人。

坚持终身学习。立足儿童健康发展，引导家长树立终身学习意识，致力提升自身家庭教育素养，不断完善和发展教养儿童能力。

三、基本内容

家长家庭教育能力是指父母或者其他监护人掌握一定的家庭教育知识，运用恰当的教育方式在日常教养实践中顺利实现儿童健康成长的必要能力。主要包括家长角色成长力、亲子关系沟通力、亲子教育胜任力3个方面共20条具体内容，详见表1。

表1　家长家庭教育能力的基本内容

能力维度	主要内容	基本要求
A1.家长角色成长力	B1.正确定位家长角色	1.认识家庭教育价值，了解家庭教育内容，学习家庭教育知识与技能，了解《中华人民共和国家庭教育促进法》主要内容，主动承担孩子第一任老师的教育责任
		2.善于在具体的家庭教育实践过程中不断总结、反思，不断优化原有的家庭教育实践方法，提升家庭教育能力
	B2.建设良好家庭环境	3.培育积极健康的家庭文化，为孩子健康成长营造良好的家庭环境；家庭储备一定数量健康有益的书籍并定期更新。家庭教育主动配合学校、社会，与学校教育观念保持一致，共育孩子健康成长
	B3.保障孩子合法权益	4.学习《中华人民共和国未成年人保护法》《未成年人网络保护条例》等法律法规，保护孩子的生存权、发展权、参与权、受保护权、受教育权等权益
		5.引导孩子珍爱生命、安全出行、健康上网，防欺凌、防溺水、防诈骗、防拐卖、防性侵，不对孩子实施家庭暴力

续表

能力维度	主要内容	基本要求
A2.亲子关系沟通力	B4.尊重孩子成长规律	6.了解孩子身心发展特点和基本规律,知晓孩子在婴幼儿期、学龄前期、学龄期、青春期等关键发展期相应家庭教育的重点任务,依据孩子的成长特点,采取科学的教养方式,不违背孩子的成长规律,不拔苗助长
		7.树立家长是孩子健康第一责任人的理念,掌握必要的方法,确保孩子营养均衡、运动科学、睡眠充足、身心愉悦,帮助孩子科学用眼护眼,引导孩子养成良好的生活习惯
	B5.掌握科学沟通方法	8.灵活运用亲子游戏、共读、运动、劳动、旅游、同守规则等多样化方式做好亲子陪伴,倾听孩子的意见、感受和遇到的困惑,尊重、理解、悦纳孩子
		9.掌握建立良好亲子沟通渠道的方法,掌握与孩子平等对话的基本技巧,灵活运用潜移默化、榜样示范、严慈相济、相机而教等方法,引导孩子健康成长
	B6.做好情绪管理指导	10.善于调控自己的情绪,不在不良情绪下教育孩子;理性奖惩孩子,能对孩子的习惯、言行、学业等给予客观公正的评价
		11.能识别孩子的情绪变化,并教会他们如何调节情绪,保持积极心态。在孩子面临困难或挫折时,给予足够的心理支持,帮助他们建立自信,勇敢面对挑战
		12.正确处理孩子之间的问题,孩子与其他孩子发生纠纷时,有正确的心态与恰当的处理方法

续表

<table>
<tr><th>能力维度</th><th>主要内容</th><th>基本要求</th></tr>
<tr><td rowspan="8">A3.亲子教育胜任力</td><td rowspan="2">B7.制订孩子成长规划</td><td>13.树立科学人才观,对孩子的未来始终充满期望,能激发、保护孩子的好奇心、求知欲,为孩子种下爱家、爱党、爱国、爱人类的种子,引导孩子逐步树立良好社会公德、家庭美德、个人品德和法治意识</td></tr>
<tr><td>14.帮助孩子客观认识自我,根据孩子的个性特征及发展愿望合理确立成长目标,合理规划未来;尊重孩子自身的发展意愿</td></tr>
<tr><td rowspan="4">B8.培养孩子核心能力</td><td>15.培养孩子形成正确的价值观、良好的学习习惯和坚强的意志品质,引导孩子学会交往合作、明辨是非、热爱劳动、树立规则意识,具有正确纠正孩子不良行为习惯的能力</td></tr>
<tr><td>16.发展孩子的兴趣爱好、信息素养,鼓励创新、健康审美;培养孩子挑战现实的勇气,提高孩子应对生活情境变化的能力</td></tr>
<tr><td>17.发展孩子的活动策划和组织能力、时间规划和利用能力、情绪自控和调适能力、人际沟通和交往能力、自我反思和改进能力</td></tr>
<tr><td>18.设计家庭主题教育,通过同读一本书、同进图书馆、同做家务活、同看中央新闻等活动,发展孩子阅读、理解、表达、劳动等能力</td></tr>
<tr><td rowspan="2">B9.解决孩子成长难题</td><td>19.经常与学校老师沟通,了解、掌握孩子在校生活学习情况,主动给老师反馈孩子发展中的问题;观察孩子的生活习惯、学习习惯、情绪变化,分析变化原因,采取合理的应对举措</td></tr>
<tr><td>20.多渠道获取孩子成长情况,预防和解决孩子成长过程中可能出现的注意力不集中、自理能力弱、沉迷网络、不愿交往、学习无目标等问题;具有陪伴孩子安全度过青春期等关键时段的意识与方法</td></tr>
</table>

四、实施建议

(一)正确理解

家庭是人生的第一所学校,家长是孩子的第一任老师。《能力标准》引导父母以科学的方式,帮助孩子扣好人生的第一粒扣子,迈好人生的第一个台阶。

(二)使用建议

《能力标准》是家长、学校、家庭教育机构等开展家庭教育指导、开发和评价家庭教育课程、实施家庭教育活动等工作的参考依据。

(三)自我诊断

家长可依据《能力标准》,对照自检,自我提升,扬长避短,不断提升自我家庭教育素养。